Farne in allen Variationen und Größen, vor allem der bis zu 20 Meter hohe Baumfarn (oben links) beeindrucken jeden Mitteleuropäer. 160 verschiedene Farnarten gibt es auf Neuseeland. «Tane Mahuta», der Gott des Waldes, gab der größten Kauri-Fichte Neuseelands (zweites Bild links) seinen Namen – Höhe 51,5 Meter, Durchmesser 13,7 Meter, geschätztes Volumen 244,5 Kubikmeter und fast 2000 Jahre alt

vorhergehende Doppelseite: Die Moeraki Boulders, «Spielbälle der Natur» an der Ostküste der Südinsel

NEUSEELAND

2. Auflage im Jahr 2000

Fotos mit Legenden: Christian Prager
Text: Hans-Peter Stoffel
Gestaltung Umschlag vorne: Wolfgang Heinzel
© by Reich Verlag AG/terra magica
Luzern/Switzerland
Alle Rechte vorbehalten
Printed in Spain/EU
ISBN 3-7243-0328-9

Die Schwarzweiß-Abbildungen verdanken wir
der Zentralbibliothek Luzern,
der Schweizerischen Landesbibliothek und Lion's Art.
Terra magica ist seit 1948 eine international geschützte
Handelsmarke und ein eingetragenes Warenzeichen
des Reich Verlags AG.

Der Fotograf dankt **Air New Zealand** sowie **Adventure Holidays international**, Norbert Lux, für die freundliche Unterstützung bei der Fotoreise zu diesem Bildband.

NEUSEELAND

Schönster Süden der Welt

Christian Prager · Hans-Peter Stoffel

terra magica
Reich Verlag

Textinhalt

«Erdballs letztes Inselriff» oder Gegenfüßler Europas ... 6
- Mauis Fischfang – eine Maori-Legende von der Entstehung Neuseelands ... 6
- Größer als Großbritannien oder die alte Bundesrepublik ... 6
- Maori-Häuptling Kupes lange Irrfahrt ... 7
- Maori brachten die Säugetiere ... 25
- Die europäischen Entdecker ... 26
- Idyll ohne giftige oder andere «gefährliche» Tiere ... 27

Eigenartige und eigenwillige Natur ... 28
- Landformen ... 28
- Allgegenwärtiges Wasser ... 29
- Klima oder einfach Wetter? ... 32
- Neuseeland = Leben im Freien mitten in der Natur ... 34
- Erstaunliche Vegetation ... 35
- Tiefe Baumgrenze ... 36
- Vielfältige Tierwelt ... 38
- Kiwis, Keas und andere Vogelclowns ... 40
- Siedler-Sünden ... 57
- Neue Farben – und endlich auch duftende Blüten ... 58

Vom britischen Außenposten zur eigenständigen pazifischen Nation ... 59
- 1769–1882: Erforscher und erste Einwanderer aus Europa ... 60
- Der Vertrag von Waitangi ... 62
- 1882–1973: Soziale Reformen und «Kommandowirtschaft» ... 63
- Protektionismus und großzügige Subventionen ... 64
- Egalitär statt elitär = «komfortable Mittelmäßigkeit» ... 65
- Ab 1973: Strukturprobleme oder die langen Arme der EU ... 66
- Neuseelands Perestroika ... 67
- Asiaten verändern Straßenbild ... 69

Ein europäisch-pazifisch-asiatisches Völkergemisch ... 70
- Pakeha – die weiße Bevölkerung Neuseelands ... 70
- Neuseeländer asiatischer Herkunft ... 72
- Einwanderer aus dem pazifischen Raum ... 72
- Die Einwanderung und ihre Folgen ... 72
- Die Maori-Bevölkerung ... 89
- Subtiles Verhältnis Maori – Pakeha ... 90

Kulturleben und Kulturschaffen oder Ende eines Minderwertigkeitskomplexes ... 92
- Literatur und Geschichtsschreibung ... 92
- Klassische Künste, Film & Pop ... 93
- «Kiwiana» ... 93
- Maoritanga – die Kultur und Lebensweise der Maori ... 94
- Die Kunst der Maori ... 96
- Neuseeland im Spiegel seiner Sprachen ... 98

Stadtbewohner in ländlicher Umgebung oder: Ein Land von Stadtbewohnern ... 101
- Die Struktur des neuseeländischen (Vor-)Orts ... 101
- Auckland – Polynesiens einzige Millionenstadt – auf 60 Vulkanen, an 150 Stränden ... 103
- Wellington – die zentralistische und windige Hauptstadt ... 104
- Englisch-schottischer Süden – Christchurch und Dunedin ... 129
- Die sogenannten «regionalen Zentren» ... 130

Neuseeländischer Alltag ... 132
- Eine Automobilgesellschaft ... 132
- Freizeit ... 134
- Sport ... 134
- Die Kirche ... 136
- Gesellschaftliches Leben ... 136
- Der *typische* Neuseeländer – die *typische* Neuseeländerin ... 137
- Typischster Neuseeländer: Mount-Everest-Bezwinger Edmund Hillary ... 138
- Arbeit und Einkommen ... 139
- Ein Blick in die Küche ... 140

Auf dem Land ... 141
- Endlich Unabhängig dank Subventionsentzug ... 141
- Landwirtschaft: 80 000 Farmen ... 141
- Wer zählt die 50 Millionen Schafe? ... 142
- Die High Country Stations ... 143
- Kiwi & Kiefern ... 144

Auf Entdeckungsreisen ... 161
- 93 000 gut ausgebaute Straßenkilometer ... 161
- Auf Wanderwegen ... 163
- In Neuseelands «Südseeregion» ... 165
- Im hohen Norden ... 167
- Unbekanntes Neuseeland: der Nordwesten ... 169
- Auf dem Vulkanplateau ... 171
- Tragische Maori-Sage ... 172
- Wo die Sonne am häufigsten scheint ... 174
- In den neuseeländischen Alpen ... 175
- Goldrausch im Süden ... 194

Kleine Maori-Sprachlehre ... 196
- Einige wichtige Maori-Wörter, die im Text vorkommen ... 196
- In Maori-Ortsnamen häufig vorkommende Elemente und ihre Bedeutung ... 197

Zeittafel ... 198

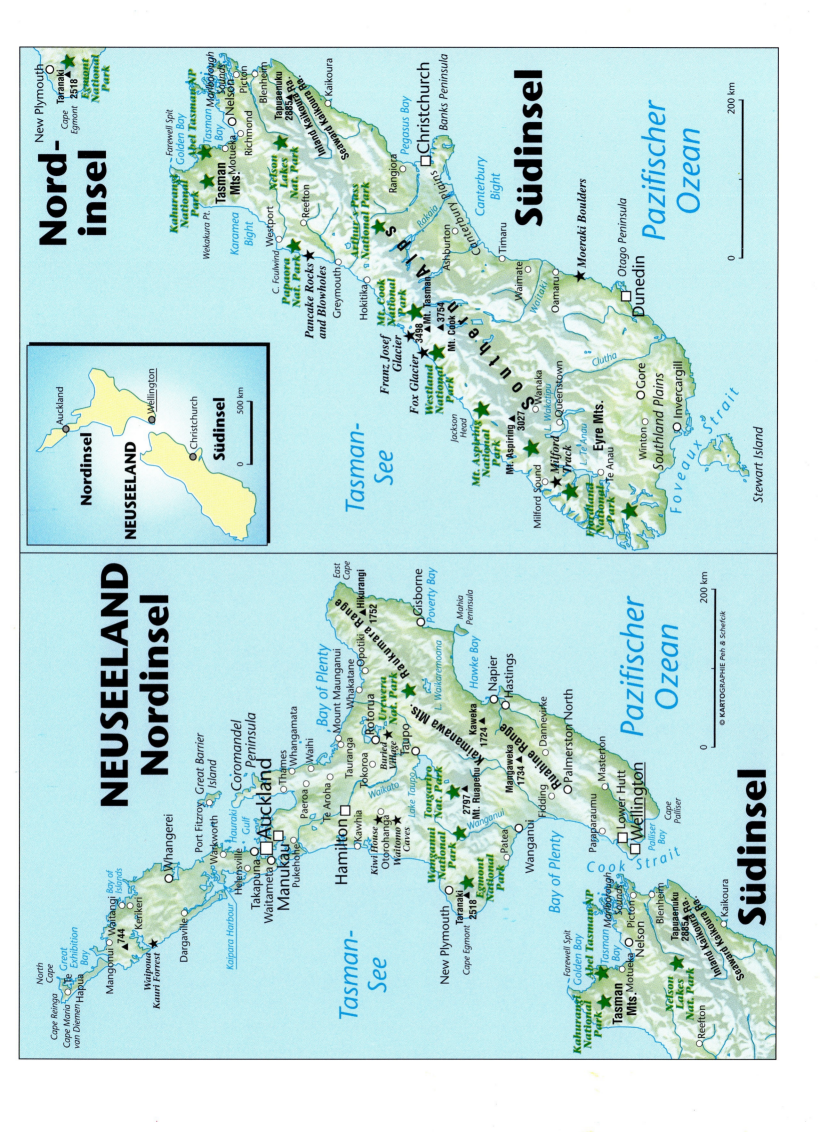

«Erdballs letztes Inselriff» oder Gegenfüßler Europas

Neuseeland – das Land am Ende der Welt? Der deutsche Dichter Wolfskehl, der in Neuseeland im Exil lebte, wähnte sich «auf Erdballs letztem Inselriff». Doch das war in den Vierzigerjahren, als man die mehr als einen Monat dauernde Fahrt von und nach Europa noch meist mit dem Schiff unternahm. Besonders seit den späten Siebzigerjahren hat sich dies aber grundlegend geändert. Heutzutage ist kein Land viel mehr als einen Tagesflug von Neuseeland entfernt. Neuseeländer reisen oft geschäftlich für eine Woche nach Europa, und seit dem Einsetzen des Massentourismus in Neuseeland in den Achtzigerjahren preist die Touristikbranche das Land für die inzwischen auf über eine Million jährlich angewachsene Besucherzahl als das «schönste Ende der Welt» an. Neuseeland, mit nur dreieinhalb Millionen Einwohnern, ist zwar immer noch am «Ende der Welt», doch die «Tyrannei der Distanz», die Abgeschiedenheit von den «Zentren der Welt», wie sie Australier und Neuseeländer lange empfanden, ist heute weitgehend Vergangenheit. Neuseeland ist ein junges Land – sowohl geologisch wie auch in Bezug auf die Besiedlung. Über seine Entstehung gibt uns denn auch, wie wir sehen werden, die Geologie wichtige Hinweise. Doch bevor wir zu diesen wissenschaftlichen Kriterien übergehen, wollen wir sehen, wie die polynesische Überlieferung die Entstehung der drei hauptsächlichsten Inseln sieht, die Neuseeland ausmachen.

Mauis Fischfang — eine Maori-Legende von der Entstehung Neuseelands

Eine der zahlreichen Sagen des polynesischen Maui-Zyklus berichtet uns, wie Maui mit seinen Brüdern fischen ging. Da ihm diese keinen Köder geben wollten, schlug er sich mit der Faust die Nase wund und ließ das Blut auf seine Angel tropfen. Maui machte daraufhin keinen gewöhnlichen Fang, sondern zog die Nordinsel aus dem Wasser heraus. Um die Götter, die wegen eines solch spektakulären Fangs erzürnt sein könnten, zu besänftigen, ging er an Land und brachte ihnen ein Opfer dar. Die Brüder wies er an, den «Fisch» nicht zu berühren. Doch sie gehorchten nicht und begannen, auf diesen einzuhacken und Teile davon abzuschneiden. So entstanden die Täler und die zackigen Berge des Landes. Hätten seine Brüder Maui gehorcht, so wäre die Nordinsel noch heute sanft und flach. Und so nennt man sie bis heute *Te Ika a Maui*, den «Fisch des Maui». Und die Südinsel – so überliefern es wenigstens einige Varianten dieser Sage – nannte man nach dem Kanu, von dem aus Maui den Fisch gefangen hatte, *Te Waka a Maui*, «Mauis Kanu», und die kleine Insel am südlichen Ende der Südinsel, die Stewart-Insel, *Te Punga o Te Waka a Maui*, «den Ankerstein von Mauis Kanu».

Größer als Großbritannien oder die alte Bundesrepublik

Für Maui war es unerheblich, dass seine Entdeckung weitab von den übrigen Gegenden der damaligen Welt lag. Das Konzept vom «Ende der Welt» und damit den eurozentrischen Vergleich mit dem «Rest der Welt» führten erst die Einwanderer aus Europa etwa tausend Jahre später ein.

Dieses «Ende der Welt» liegt inmitten der größten Wasserfläche der Welt, nämlich im Südwesten des Stillen Ozeans. Wie viele andere Inselstaaten ist es eine geographische und politische Einheit. Die gesamte Fläche bildet einen einzigen Staat ohne natürliche Grenzen zu einem Nachbarn. Die nächsten Nachbarn sind eine dreitägige Schiffsreise oder gegen drei Stunden mit dem Düsenflugzeug entfernt: im Norden die Inselgruppen von Neukaledonien und Fidschi, im Westen der Inselkontinent Australien. Die Distanz von etwa 2000 Kilometern zu jedem dieser Nachbarn entspricht etwa der Strecke zwischen den europäischen Alpen und Finnland.

Neuseeland liegt gleich westlich der Datumsgrenze und ist im (neuseeländischen) Sommer Europa um zwölf, im Winter um zehn Stunden voraus. Im Vergleich zu Australien, einem Inselkontinent etwa von der Größe der USA, erscheint Neuseeland mit gut 270 000 Quadratkilometern als ein «kleines» Land. Anderseits ist Neuseeland weit größer als sein früheres Mutterland Großbritannien oder als die alte Bundesrepublik Deutschland. Touristen täuschen sich nicht selten in den doch beträchtlichen Distanzen in Neuseeland und nehmen sich in zu kurzer Zeit zu viel vor.

Neuseeland erstreckt sich über eine Länge von 1700 Kilometern von Norden nach Süden über zwölf Breitengrade hinweg. Eine Tafel am Kawarau-Fluss, nördlich von Queenstown auf der Südinsel, informiert den Besucher, dass er sich dort genau in der Mitte zwischen dem Äquator und dem Südpol befindet. Neuseelands lang gestreckte Form mit der breiteren Nordinsel und der längeren, schmaleren Südinsel erinnert an den umgekehrten «Stiefel» Italiens. Wie Japan besteht Neuseeland aus einer Reihe von Inseln im Osten einer größeren Landmasse – in diesem Falle Australiens – und weist ein feuchtes, maritimes Klima und prominente Vulkane auf.

Neuseeland besteht aus zwei Hauptinseln, der Nordinsel (114 597 Quadratkilometer) und der Südinsel (151 757 Quadratkilometer) sowie der kleineren Stewart-Insel im Süden der Südinsel (1746 Quadratkilometer) und den Chatham-Inseln (963 Quadratkilometer), 675 Kilometer südöstlich von Wellington. In diesen Zahlen inbegriffen sind auch die vorgelagerten kleinen Inselgruppen, die nordöstlich von Auckland und im Norden der Südinsel besonders zahlreich sind.

Neuseeland verwaltet auch die Tokelau-Inseln im Pazifik (rund 10 Quadratkilometer) sowie das Ross-Territorium in der Antarktis (etwa 400 000 Quadratkilometer). Die Inselstaaten Niue (rund 260 Quadratkilometer) und die Cook-Inseln (rund 240 Quadratkilometer) befinden sich in «loser Assoziation» mit Neuseeland, das heißt, sie sind de facto weitgehend unabhängig, ihre Bewohner sind jedoch neuseeländische Staatsbürger.

Neuseeland hat mit einer Gesamtfläche von gut vier Millionen Quadratkilometern eine der größten 200-Meilen-Fischereizonen der Welt rund um sein Inselterritorium.

Maori-Häuptling Kupes lange Irrfahrt

Mehrere Südseeinseln behaupten von sich, die ursprüngliche Heimat der Maori gewesen zu sein. Auf den Cook-Inseln zum Beispiel wird der Besucher aus Neuseeland (spaßhaft auch der weiße Neuseeländer) als Cousin begrüßt, und auch dem Laien fällt sofort die Ähnlichkeit der Sprachen auf.

Es ist uns aber nicht bekannt, wann der erste Mensch Neuseeland entdeckte oder gar betrat. Erste schriftliche Aufzeichnungen besitzen wir erst aus dem Jahr 1642, als der Holländer Abel Tasman Neuseeland erreichte und beschrieb. Einwanderer von den östlichen polynesischen Inseln lebten jedoch bereits 800 bis 1000 Jahre auf Neuseeland, bevor sich die ersten Weißen im späten 18. Jahrhundert niederließen und Neuseelands neuere Geschichte einleiteten.

Einstweilen existiert noch keine allgemein akzeptierte Theorie über die früheste Besiedlung des Landes. Die intensive Arbeit vor allem der Archäologen wird in Zukunft zweifelsohne weitere Aufschlüsse über die frühe Besiedlung geben können.

Über die Entdeckung des Landes gibt es hingegen eine Reihe von Maori-Legenden, die von europäischen Forschern aufgezeichnet wurden. Der damit verbundenen Tendenz, die Ereignisse chronologisch einzuordnen, muss jedoch mit der nötigen Skepsis begegnet werden.

Eine dieser Legenden berichtet vom Häuptling Kupe, der nach familiären Auseinandersetzungen seine polynesische Heimat in einem Kanu verließ und dabei einen Tintenfisch verfolgte, den er endlich nach langer Irrfahrt fangen konnte. Dies soll sich dort ereignet haben, wo sich heute die Cook-Straße befindet. Kupe kehrte in seine Heimat zurück und brachte die Kunde vom neu entdeckten Land, das er *Tiritiri o Te Moana*, «Geschenk des Meeres», nannte. Wenn man bedenkt, dass es von Neuseeland bis zu den nächstgelegenen ostpolynesischen Inseln mindestens 3500 Kilometer sind, dann handelt es sich bei der Fahrt Kupes wohl um eine der spektakulärsten Fischergeschichten!

Kupe berichtete nichts über allfällige Einwohner des von ihm entdeckten Landes, doch haben Archäologen festgestellt, dass bereits im 10. Jahrhundert Menschen polynesischer Herkunft in Neuseeland lebten. Man nimmt an, dass diese zufällig ins Land gelangt waren. Sie nährten sich vorwiegend vom Moa-Vogel und werden deshalb oft Moa-Jäger genannt. Der bis zu vier Meter große Moa-Vogel, eine Art Vogel Strauß, diente nicht nur der Ernährung. Seine Knochen eigneten sich als Angelhaken und seine Federn zur Anfertigung von Kleidungsstücken. Die Moa-Jäger lebten vorwiegend auf der Südinsel, wo sie sich offenbar dem im Vergleich zu ihrer ursprünglichen Heimat kühleren Klima gut anzupassen vermochten. Sie hausten in unbefestigten Dörfern. Unterstützt von trockenen Winden, brannten sie große Gebiete ab. Auf dem Höhepunkt ihrer Kultur sollen sich etwa 15 000 Moa-Jäger in Neuseeland befunden haben.

Als die Vorfahren der heutigen Maori im 14. Jahrhundert zum ersten Mal nach Neuseeland gelangten, war von der Moa-Jäger-Kultur offenbar nicht mehr viel übrig. Auch diese

Der Riesenmoa – von den Ureinwohnern ausgerottet – wurde bis zu vier Meter hoch und legte Zweikiloeier. Hier im Größenvergleich mit Kiwis

Textfortsetzung Seite 25

Symbol des nördlichsten Nordens von Neuseeland: der Leuchtturm am Cape Reinga

nächste Doppelseite: Bay of Islands: Abendstimmung über dem Yachthafen an der Mündung des Waitangi River

Je näher man sich im Northland in Richtung Cape Reinga bewegt, desto einsamer werden die Strände: die Tapotupotu Bay

unten: Hokianga Harbour während der Abendstimmung. Nach den Überlieferungen der Maori soll Kupe, der sagenhafte Entdecker Neuseelands, von Hokianga Harbour aus seine Heimreise nach «Hawaiiki» (s. Seite 25) angetreten haben

Bay of Islands: Strände bei Paihia. Die Bucht wurde 1769 von James Cook so benannt. Ein Gewirr von Inseln, zauberhafte Strände, das subtropische Klima sowie oft und rasch wechselnde Lichtstimmungen machen den besonderen Reiz dieser Gegend aus

Am Cape Reinga gehen die Seelen der Maori ins Jenseits über und gleiten ins Meer. Der Geist der Toten, so heißt es, verläßt das neuseeländische Festland und steuert seine Urheimat «Hawaiiki» an

Northland, bei Kaeo: Hügelig bis bergig bietet sich der winterlose, subtropische Norden dar. Dieser Landesteil liegt bereits außerhalb des tektonisch aktiven Bereiches. Schon seit langer Zeit gibt es hier keine Vulkane mehr

Zwischen Kaeo und Waitaruke im Northland: Ein Regenschauer zieht über den Landstrich hinweg – von Neuseeländern als «scattered shower» bezeichnet

Einsame Landschaft der Brynderwyn Hills bei Waipu im Northland. Während der Blütezeit der Maori-Kultur war diese Gegend allerdings stärker besiedelt

unten: Hokianga Harbour, North Head, idyllisch von Sanddünen und grünen Tälern umgeben. Ein großartiger Blick bietet sich bei Omapere

nächste Doppelseite: Auckland, auch «City of Sails» genannt, ist die größte Stadt des Landes. Rein statistisch gesehen lebt jeder dritte Neuseeländer in dieser Stadt ... und davon ist jeder vierte stolzer Besitzer einer Yacht!

Einer der schönsten Landstriche der Nordinsel: die Coromandel-Halbinsel. Hier der Blick hinunter auf den Hahei-Beach

Highlight an der Coromandel-Küste: Nur zu Fuß oder per Boot gelangt man zum Strand der «Cathedral Cove»

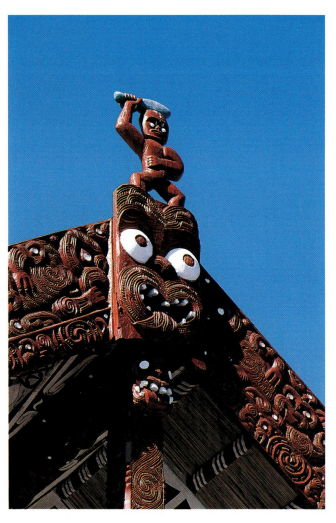 

Es waren Maori, die im 14. Jh. mit langen, seetüchtigen Kanus zu jenen beiden Inseln im Südpazifik vordrangen, welche sie später «Aotearoa» nannten, das «Land der langen weißen Wolke». Typisch für die Maori sind kunstvolle Schnitzereien, wie hier diese drohende Grimasse aus Holz und Perlmutt

unten: Im «Marae» (Versammlungshaus) von Waitangi wurde am 6. Februar 1840 der denkwürdige Vertrag unterzeichnet (s. Seite 62). Zeugnis des neu gewonnenen Selbstbewußtseins der Maori ist die zum 100-jährigen Jubiläum im Jahr 1940 eingeweihte prachtvolle Versammlungshalle in Waitangi

Lebendige Maori-Kultur lässt sich heute bei speziellen Tanz-Vorführungen hautnah erleben (links). Ein Maori-Häuptling im Museum von Waitangi (rechts)

unten: Waitangi National Reserve: Über den Nias Track gelangt man zum 35 Meter langen Maori-Kriegskanu. 80 Mann haben in diesem größten Kanu der Welt Platz

«Haka» – eine ausdrucksstarke Geste. Die drohenden Grimassen dienten den Maori einst dazu, die Friedfertigkeit fremder Eindringlinge zu testen und sollten gleichzeitig den Feind einschüchtern

neuen Einwanderer stammten von den ostpolynesischen Inseln. Während man die Zeit der Moa-Jäger oft als die «Ur-Maori-Periode» bezeichnet, so gilt die Zeit von der Ankunft dieser jüngeren Maori bis zur Besiedlung durch die Weißen als die «klassische Maori-Periode».

Die Maori brachten offenbar nicht nur Tiere und Pflanzen, sondern auch ihre Familien mit. Ob das Ziel Neuseeland bewusst gewählt war, oder ob die Maori zufällig auf der Suche nach neuem Land nach Neuseeland kamen, ob sie in einer großen Einwanderungswelle oder vereinzelt über längere Zeit herkamen, ist umstritten. Immerhin leiten heute noch die verschiedenen Maori-Stämme ihre Namen von einem der acht bis dreizehn Kanus ab, mit denen sie in das neue Land gekommen sein wollen.

Die Legende besagt, dass das Land Hawaiiki die Urheimat der Maori war. Dabei handelt es sich wahrscheinlich um eine der Cook-Inseln oder die Tahiti-Gruppe. Diese befinden sich im Osten des sogenannten Polynesischen Dreiecks, das in seiner südwestlichen Ecke Neuseeland mit einschließt, im Osten bis zur Osterinsel und im Norden bis Hawaii reicht. Auch andere polynesische Völker leiten ihre Herkunft von dem legendären Hawaiiki ab.

Eindeutig gesichert ist der Ursprung der Maori-Kultur in Ostpolynesien und vor allem auch die nahe Verwandtschaft der polynesischen Sprachen untereinander und mit der indonesisch-malaiischen Sprachgruppe. So etwa finden wir das bekannte polynesische Wort für «Liebe, Mitgefühl» im neuseeländischen Ortsnamen Te *Aroha*, im Namen der Hauptstadt der Tonga-Inseln, Nuku'*alofa*, und im hawaiischen Grußwort *aloha*; und indonesisch *lima* (fünf) und *ikan* (Fisch) entsprechen *rima* und *ika* in der Maori-Sprache.

Die Maori ließen sich mehrheitlich auf der klimatisch wärmeren Nordinsel nieder. Sie verstanden es geschickt, ihre landwirtschaftlichen Kenntnisse mit den spezifischen Verhältnissen ihrer neuen Heimat in Einklang zu bringen. Aus ihrer polynesischen Heimat hatten sie verschiedene tropische Pflanzen mitgebracht, von denen im kühleren Neuseeland allerdings nur die Kumara (Süßkartoffel), die Taro- und Jamswurzel sowie der Flaschenkürbis in ausreichendem Maß gedeihen konnten.

Maori brachten die Säugetiere

Wie die Moa-Jäger vor ihnen, brannten auch sie große Flächen Wald ab, was allerdings auf der feuchteren Nordinsel schwieriger zu bewerkstelligen war als in den trockeneren Gebieten des Südens. Doch gingen sie im Allgemeinen mit der Natur umsichtiger um als die Moa-Jäger, und besondere Verehrung bezeugten sie dem Wald. Während die riesigen Kaurifichten vorwiegend zum Bau von Kanus verwendet wurden, dienten kleinere Bäume der Herstellung von Werkzeugen, dem Hausbau und der Schnitzerei.

Auch Beeren und Kerne lieferte der Wald, und die ausgedehnte Vogelwelt stellte ebenfalls eine reiche Nahrungsquelle dar. Die Federn des Kiwi-Vogels wurden zur Anfertigung festlicher Kleidung für Häuptlinge verwendet und bilden noch heute ein beliebtes Geschenk für hohe Würdenträger. Wurzeln, Fische und Muscheln waren im Überfluss vorhanden und bildeten die Grundnahrung. Viele Ortsnamen deuten auf Nahrung hin: So etwa *Pipiroa* («viele Muscheln»), *Kaiaua* («Heringsmahl»), *Kaipara* («Farnwurzeln essen»), *Te Kao* («getrocknete Süßkartoffeln») und *Kaitaia* («Nahrung im Überfluss»). An Säugetieren kannten die Maori nur die Ratte und den Hund, die sie selber mitgebracht hatten. Und nicht zuletzt fand sich auf ihrem Menuplan gelegentlich Menschenfleisch, das sie, wie andere Südseevölker, durchaus nicht verschmähen.

Der Handel der Maori bestand weitgehend im Austausch von Geschenken. Wie die Moa-Jäger vor ihnen lebten auch sie in unbefestigten Dörfern *(Kainga)*. Das Zentrum des Dorfes war der Versammlungsplatz *(Marae)*, vor dessen wichtigstem Gebäude, dem Versammlungshaus *(Whare Runanga)*, lange Reden gehalten wurden. Die Kleidung der «Gewöhnlichen» bestand aus Flachs, und das tägliche Leben spielte sich weitgehend im Freien ab. Die Schlafhäuser waren klein, und die Vorratshäuser standen erhöht auf Pfählen. Als Baumaterialien dienten Flachs und Holz. Wichtige Werkzeuge bestanden oft aus *Greenstone*, einer Art Jade. Dieser wurde auf der Südinsel gefunden, die deshalb unter anderem den Namen *Te Wai Pounamu (Greenstone*-Meer) trägt. Neben gewöhnlichen Dörfern bauten sie auf markanten Hügeln befestigte Siedlungen *(Pa)*. Diese waren durch Palisaden geschützt. In den meisten Fällen versammelte sich die Bevölkerung in den *Pa* lediglich zu Zeremonien, oder wenn Gefahr drohte. Obwohl diese Dörfer nicht mehr existieren, sind die terrassenförmigen Hügel im Gelände oder auf Vorküsten heute die häufigsten und sichtbarsten Zeugen der ursprünglichen Maori-Kultur. Der Besucher wird manche dieser terrassierten *Pa*, besonders im Norden Neuseelands, unschwer erkennen.

Die Maori lebten in Großfamilien. Auf der untersten Stufe ihrer Gesellschaft standen die Sklaven, dann folgten die «Gewöhnlichen» *(Tutua)*, dann die verschiedenen Ränge der Häuptlinge *(Rangatira)* und schließlich die Priester *(Tohunga)*. Wichtig war die Zugehörigkeit zu einem Stamm. Stammesfehden und gegenseitige Plünderungen waren eine Art «Kriegssport». Auch heute noch sind sich die Maori ihrer Stammeszugehörigkeit sehr bewusst. So wird etwa bei der Stellenbesetzung oder bei Stipendien für Maori immer auch nach dem entsprechenden Stamm gefragt.

Die europäischen Entdecker

Im 16. Jahrhundert begannen die Europäer ihre Entdeckungsreisen in den Pazifik, die sich über 300 Jahre erstrecken sollten. Die Entdeckung Neuseelands ist ein Teil dieser pazifischen Geschichte, verbunden mit der Suche nach dem unbekannten Südkontinent, der *Terra australis incognita.*

Die Holländer hatten sich im 17. Jahrhundert bereits in dem Gebiet etabliert, das heute Indonesien bildet. Teile von Australien waren damals schon gesichtet worden. So erstaunt es denn nicht, dass die Ostindien-Gesellschaft im Jahr 1642 den Holländer Abel Tasman (1603–1659) vor allem aus wirtschaftlichen Gründen von Batavia (jetzt Jakarta) aus auf die Suche nach dem unbekannten Südkontinent ausschickte. Tasman entdeckte zunächst die Insel südlich von Australien, die heute nach ihm Tasmanien heißt. Am 13. Dezember 1642 sichtete er die Westküste der Südinsel Neuseelands. An der Nordspitze der Südinsel kam es zu einem Gefecht auf See mit den dortigen Maori, was Tasman von weiteren Kontakten mit den Einheimischen abhielt. Wegen eines Sturms fuhr er danach nicht in die Cook-Straße, sonst hätte er gesehen, dass es den Südkontinent nicht geben konnte. Stattdessen fuhr er der Westküste der Nordinsel entlang nach Norden und verließ Neuseeland.

Es sollte über hundert Jahre dauern, bis der nächste Europäer Neuseeland erreichte. Am 7. Oktober 1769 sichtete der britische Kapitän James Cook (1728–1779) von seinem Schiff

«Endeavour» aus die Küste Neuseelands bei Gisborne, und zwei Tage später betrat er, so nimmt man an, als erster Europäer das Land. Seine Expedition war weitgehend wissenschaftlicher Art, und mit seinen Geographen erarbeitete er ein exaktes Bild der Gestalt des Landes. An diese Expedition erinnern heute eine große Zahl von Ortsnamen, so etwa die Cook-Straße zwischen den beiden Inseln, der höchste Berg des Landes, der Mount Cook, und – zu Ehren seines Botanikers Sir Joseph Banks – die Banks-Halbinsel bei Christchurch.

Cook war allerdings nicht der einzige Europäer, der damals Neuseelands Küste entlangsegelte. Nur ein Sturm war verantwortlich dafür, dass er im Norden des Landes nicht auf die «St-Jean-Baptiste» des französischen Entdeckers Jean-François de Surville (gestorben 1770) stieß. Cook nahm das neu entdeckte Land – ohne Rücksprache mit den damaligen Einwohnern – für die britische Krone in Besitz. Es ist natürlich eine rhetorische Frage, was sich wohl ereignet hätte, wenn die Franzosen die Herren über Neuseeland geworden wären!

Idyll ohne giftige oder andere «gefährliche» Tiere

Die Neuseeländer nennen ihr Land heute gern *Godzone (God's own country)*, das «von Gott auserwählte Land». Nachdem nämlich Gott die Welt erschaffen hatte, schuf er für sich etwas ganz Besonderes: ein Land mit klaren, kühlen Bächen, Gletschern, Fjorden, aber auch warmen Meeren voller Fische, mit sonnigen Stränden und üppig grünen Wäldern und Wiesen. Um sich an kühlen Tagen zu erwärmen, ließ er warme Quellen sprudeln. Und um dieses Idyll richtig genießen zu können, hielt er giftige oder andere gefährliche Tiere fern. Dann trennte er das Ganze von der übrigen Welt ab und verschob es an eine Stelle weitab von den anderen Landmassen, damit es von Kriegen verschont bleibe.

Maoripaar Mitte des 19. Jh.

Eigenartige und eigenwillige Natur

Die Abtrennung Neuseelands von den übrigen Landmassen war – so meinen die Geologen – ein langwieriger Prozess. Ursprünglich soll das Land am südlichen Ende des Kontinents Gondwanaland gelegen haben, der als Folge der Kontinentaldrift auseinander gebrochen sein soll. Auf der Südinsel finden sich die ältesten Gesteine des Landes, die auf eine ehemalige Verbindung mit der Antarktis, Teilen von Australien und Tasmanien und anderen, inzwischen versunkenen Inseln hindeuten. Einzelne Inselbögen mögen noch lange Zeit zu Südostasien und der Pazifikregion bestanden haben. Einen Beweis dafür liefert unter anderem eine Landschnecke, die nur im höchsten Norden des Landes vorkommt, aber auch in Neukaledonien zu finden ist.

Die Abtrennung von diesen Landmassen erfolgte vor etwa 60 bis 80 Millionen Jahren. Seither hat sich in verschiedenen Phasen die heutige Form Neuseelands herausgebildet. Sie ist aber auch jetzt noch in Bewegung.

Landformen

Die geologische Geschichte Neuseelands ist auch für die Pflanzen- und Tierwelt verantwortlich. Diese zeigt einerseits Verwandtschaften nach allen Himmelsrichtungen, hat aber als Folge der langen Isolierung als Insel eine Fülle archaischer Formen bewahrt und gleichzeitig typisch einheimische, endemische Formen entwickelt.

Die Gebirgszüge der Nord- und Südinsel wurden erst in geologisch jüngster Zeit in die Höhe gepresst. Die Kette der sogenannten Südalpen erstreckt sich parallel zur Richtung der Südinsel von Südwesten nach Nordosten und ist 800 Kilometer lang. Nur 30 Kilometer von der Westküste entfernt steigt sie jäh auf über 3500 Meter an und umfasst ausgedehnte Gletschergebiete und fast 30 Gipfel über 3000 Meter Höhe. Dort befindet sich auch Neuseelands höchster Berg, der Mount Cook (3753 Meter).

Der Nordinsel fehlt eine dominierende Gebirgskette. Die Berge sind weniger hoch. Lediglich auf dem Gipfel des höchsten Berges, des halbaktiven Vulkans Mount Ruapehu (2796 Meter), findet sich ein kleiner Gletscher. Die geologische Jugend des Landes zeigt sich besonders gut auf der Nordinsel. Auf einer Südwest-Nordost-Achse quer durch die Nordinsel bis hinaus zum White Island erstreckt sich eine Kette von aktiven, halbaktiven und angeblich erloschenen Vulkanen. Nordwestlich dieser Kette befinden sich kleinere erloschene Vulkane. Sie prägen auch das Bild von Auckland, der «Stadt der sechzig Vulkane». Wie wenig «erloschene» oder «halbaktive» Vulkane tatsächlich ruhen, zeigte sich aber gerade wieder im Jahr 1995, als der Mount Ruapehu plötzlich auszubrechen begann und besonders im Abendleuchten ein einmaliges Schauspiel darbot. Menschen kamen dabei keine zu Schaden.

Eine deutliche Verwerfungslinie erstreckt sich von den Südalpen bis zum White Island. Die Hauptstadt des Landes, Wellington, liegt genau auf ihr. Alpine Verwerfung und Vulkanismus verbinden Neuseeland mit den anderen Ländern rund um den Pazifik, von Vanuatu über Japan bis hinüber nach Kalifornien und südwärts bis Chile. Sie alle liegen auf dem «pazifischen Feuerkreis».

Kleine und mittlere Erdbeben sind in Neuseeland häufig – es sollen im Jahr bis 400 sein –, und die neuseeländischen Inseln werden deshalb scherzhaft auch die «Wackelinseln» genannt. Kleinere Beben, bei denen lediglich «die Bierflaschen auf den Theken herumzuwackeln beginnen» (wie die Zeitungen nüchtern berichten), nimmt man kaum zur Kenntnis.

Die meisten Häuser sind ein- oder zweistöckig und vor allem auf der wackligeren Nordinsel aus Holz gebaut und brechen deshalb nicht gleich in sich zusammen, sondern sie schwingen bei einem Beben rhythmisch mit. Es erstaunt deshalb nicht, dass gerade neuseeländische Holzbaufirmen ihre Produkte in erdbebengefährdete Gebiete ausführen können.

Das bisher stärkste Erdbeben ereignete sich in der Stadt Napier in Hawke's Bay im Jahr 1931, wobei 256 Menschen umkamen und die meisten Häuser beschädigt wurden. Anderseits erweiterte Napier dadurch sein Territorium: 3343 Hektar Land hoben sich buchstäblich aus dem Meer. Darauf befinden sich heute Napiers Industriequartier und sein Flugplatz. Auch ein zwanzig Jahre dauernder Streit um den Standort eines neuen Hafens wurde damals in zwanzig Sekunden gelöst!

Neuseelands Boden enthält, außer Kohle, nur wenige Bodenschätze. Die 1861 entdeckten Goldlager sind heute meist unwirtschaftlich. Die Maori verfertigten Waffen und Gebrauchsgegenstände aus *Greenstone*, einer Art Jade. Verschiedene Sandstrände der Nordinsel enthalten Eisen. Im Gefolge des Ölschocks in den frühen Siebzigerjahren wurde die Suche nach Öl intensiviert, aber Öl in ausreichender Menge ist bisher noch nicht gefunden worden. In der Provinz Taranaki jedoch finden sich ausgedehnte Erdgaslager.

Die beiden Hauptinseln Neuseelands sind landschaftlich sehr verschieden und wirken auf den Besucher wie auch den Einheimischen oft wie zwei verschiedene Länder. Vergletscherte Täler, Südbuchenwälder, bültgrasbewachsene, seenreiche Hochebenen und Fjordlandschaften prägen die Südinsel und geben ihr, zusammen mit einer weitgehend weißen Bevölkerung, ein «europäisches» Aussehen. Pazifischer mutet die Nordinsel an mit ihren Vulkanen, zackigen, relativ niedrigen, von subtropischem Regenwald bewachsenen Bergen und Hügeln und mit einem Bevölkerungsgemisch von Maori und Weißen und in jüngster Zeit einer großen Zahl von asiatischen Einwanderern. Die geologische Jugend des Landes ist überall sichtbar. Sie steht in schroffem Gegensatz zu dem an Bodenschätzen reichen, alten und weitgehend flachen Inselkontinent Australien.

Allgegenwärtiges Wasser

Leben in Neuseeland bedeutet einen ständigen Kontakt mit dem Element Wasser. Meer, Flüsse, Bäche, Seen und nicht zuletzt die häufigen Regenschauer sind ständige Begleiter und warten nicht selten mit Überraschungen auf.

Das Meer ist allgegenwärtig. Oft lieblich blaugrün, oft stürmisch und aufgewühlt, prägen der Stille Ozean – der Südpazifik – im Osten und das Tasmanische Meer im Westen nicht nur Klima und Vegetation, sondern auch die Besiedlung des Landes und die Lebensgestaltung der Neuseeländer. Darüber hinaus verschafft das Meer mit seinem enormen, zum Teil immer noch nicht vollständig erforschten Reichtum Nahrung in Form von Fischen und Meeresfrüchten sowie Arbeitsplätze, besonders seit Neuseeland die 200-Meilen-Fischereizone in Besitz genommen hat.

Die vorherrschenden Meeresströmungen bewegen sich von Südwesten nach Nordosten. Im Osten der Nordinsel fließen jedoch der East-Auckland-Strom und der East-Cape-Strom in umgekehrter Richtung.

Wichtig für die Meeresbewegung und Küstenform ist auch die von den vorherrschenden Südwestwinden ausgelöste Drift entlang der Küste von Süden nach Norden. Vor dieser geschützt sind die nördlichen Teile der Südinsel sowie die Nordostküste der Nordinsel. In diesen Gegenden finden sich die besten Badestrände. Dort herrscht, besonders in den unzähligen Buchten, oft ruhige See, während besonders an der Westküste die Wellen unaufhörlich branden. Die Westküste ist daher für Wellenreiter ein rassiges – aber nicht immer ungefährliches – Paradies.

Relativ lebhafte Wellenbewegungen sind jedoch in allen Meeren um Neuseeland die Regel und nicht die Ausnahme. Sie bilden oft die Hauptattraktion am Strand. Erwartungsvolle Rufe erklingen bei den Badenden, wenn sich wieder eine Welle aufbaut, durch die man dann mit viel Begeisterung hindurchtauchen kann.

An den Stränden von Auckland beträgt die Wassertemperatur im Februar 20 bis 25° C, im Winter liegt sie um 15° C. Das Wasser ist, besonders an den einsameren Stränden und um die vorgelagerten Inseln, ungewöhnlich klar und durchsichtig. So kann man etwa an der Ninety Mile Beach im Norden beobachten, wie die Fische bei Sonnenuntergang in den türkisfarbenen, hohen Wellen von der Sonne «durchleuchtet» werden.

Wegen der starken Gliederung besitzt Neuseeland etwa 8000 Kilometer Küste. Obwohl der größte Teil des Landes über 200 Meter hoch liegt, befinden sich fast alle größeren Zentren in der Nähe des Meeres. Kein Punkt im Landesinnern ist mehr als 120 Kilometer vom Meer entfernt. Besteigt man in Auckland, der größten Stadt des Landes, den Mount Eden, einen etwa 200 Meter hohen erloschenen Vulkan, so kann man gleichzeitig den Pazifischen Ozean und das Tasmanische Meer sehen. Die beiden Ozeane sind hier nur etwa zwei Kilometer voneinander entfernt.

Die Westküste der beiden Inseln ist im Allgemeinen weniger zerklüftet als die Ostküste. Sie weist aber einige spektakuläre, schmale Buchten auf, die weit ins Land hineinreichen. Dazu

Steilküste aus Trachyt bei Motu Roa

gehören der Hokianga Harbour im Norden und der weltbekannte Milford Sound in Fjordland, im Südwesten der Südinsel. Wie die Fjorde in Norwegen ist auch dieser durch Gletscherbewegungen geformt worden. Umrahmt von steilen, waldbewachsenen Abhängen und Wasserfällen, die von sogenannten «hängenden Tälern» herunterschäumen, ragt er 15 Kilometer ins Land hinein und ist mit 350 Metern so tief, dass auch Ozeanschiffe hineinfahren können. Versunkene Flusstäler formten anderseits nicht nur den Hokianga Harbour, sondern auch die vielen Halbinseln und Inseln der zerklüfteten Nordspitze der Südinsel, insbesondere der Marlborough Sounds.

Auch die Nordostküste der Nordinsel ist stark gegliedert und weist eine große Zahl vorgelagerter Inseln auf. Einige von ihnen sind Naturreservate und Besuchern nicht zugänglich, damit die einzigartige einheimische Land- und Meeresfauna sowie die Flora geschützt werden können.

Etwas mehr als die Hälfte der Küste gilt als stabil, ein Viertel erodiert ständig, und fast ein Viertel besteht aus abgelagertem Sand. Etwa die Hälfte der Strände besteht aus Sand, dessen Farbspektrum von Weiß über Gelb bis zu Schwarz reicht, die andere Hälfte sind Kiesstrände. Die Canterbury Plains und die Provinz Taranaki erheben sich wie Tafeln über schmale Sandküsten.

Zwischen den Sandstränden finden sich felsige, oft von Steinaustern bedeckte Vorküsten und, im Norden, von Mangrovenbäumen bestandene Meeresbuchten.

Neuseelands Flüsse sind wegen der geringen Distanz zwischen der West- und der Ostküste und der gebirgigen Landschaft kurz und fließen schnell dem Meer zu. Immerhin ist der Waikato-Fluss, Neuseelands längster Fluss, 425 Kilometer lang. Nach seinem Ausfluss aus dem Taupo-See wird er mehrmals gestaut, bevor er sich südlich von Auckland ins Tasmanische Meer ergießt. Die Flüsse, die von den Südalpen gegen Osten dem Pazifik zufließen, bilden ausgedehnte Flussbetten, in denen kleine Rinnsale sich bei starken Regengüssen in kurzer Zeit zu reißenden Flüssen entwickeln können. Der Rangitaiki- und der Wanganui-Fluss auf der Nordinsel fließen in ihren Unterläufen durch breite Täler, die von steil ansteigenden Abhängen gesäumt sind. Der Northern-Wairoa-Fluss nördlich von Auckland ist lehmig braun und bis weit hinauf den Gezeiten unterworfen. Auf der Südinsel zwängen sich der Kawarau und der Clutha canyonartig durch Felsformationen. Eine Neuseelandreise sollte unbedingt eine Fahrt auf dem Wanganui-Fluss zwischen Taumarunui und Pipiriki oder auf dem Kaipara Harbour und Northern-Wairoa-Fluss zwischen Helensville – nördlich von Auckland – und Dargaville mit einschließen.

An Seen ist Neuseeland äußerst reich. Auf der Südinsel sind diese oft von länglicher Form und erstrecken sich von Westen nach Osten, da sie von zurückweichenden Gletschern gebildet wurden. Besonders typisch sind der Te-Anau-, der Manapouri-, der Wanaka- und der Hawea-See. Auf der Nordinsel sind die größten Seen von rundlicher Form, da sie sich in ehemaligen Vulkankratern befinden. Neuseelands größter See, der Lake Taupo, liegt in der Mitte der Nordinsel und entspricht mit einer Fläche von gut 600 Quadratkilometern etwa derjenigen des Genfer Sees. In Auckland befindet sich ein solcher Süßwasser-Kratersee, der Lake Pupuke, auf einer Landzunge weniger als hundert Meter vom Meer entfernt.

Eine immer größere Zahl von Flüssen und Seen wird, insbesondere auf der Südinsel, zur

Ruder der Maori – meisterhaften Beherrschern des Wassers

Erzeugung elektrischer Energie genutzt. Dies umso mehr, als Neuseeland auf Atomenergie verzichten will.

Klima oder einfach Wetter?

Neuseeland liegt in den mittleren Breiten, und sein Klima wird allgemein als gemäßigt bezeichnet. Mehr als von der geographischen Breite wird das Klima aber von zwei entscheidenden Umständen geprägt: Neuseeland liegt inmitten großer Ozeane und hat daher ein ausgesprochen maritimes Klima mit ausgeglichenen Jahresdurchschnittstemperaturen und mit viel Wechsel von Regen und Sonnenschein. Außerdem ist Neuseeland in südwest-nordöstlicher Richtung von einer hohen Bergkette durchzogen. Diese bildet – nach mindestens 2000 Kilometern offener Meeresfläche – das erste Hindernis für die vorwiegend aus West-Südwesten kommenden Winde und beeinflusst Regenmenge und Temperaturen. Als Folge dieser beiden Faktoren entsteht jedoch auch eine große Zahl sogenannter Mikroklimate, kleiner Gegenden mit spezifischen Klimamerkmalen, die oft stark von der allgemeinen Norm oder der Gesamtwetterlage abweichen.

Neuseeländer bemerken gelegentlich spöttisch, in ihrem Land gebe es gar kein Klima, sondern nur «Wetter», beziehungsweise könne man alle vier Jahreszeiten an einem Tag erleben. Diese Bemerkungen treffen aber genau das wesentliche Merkmal des neuseeländischen Klimas: die ausgesprochene Wechselhaftigkeit, oft innerhalb weniger Stunden. Hoch- und Tiefdrucksituationen und damit verbundene kalte und warme Fronten wechseln schnell ab. Sonniges Wetter wird von regnerischem, im Winter oft stürmischem Wetter abgelöst. Hervorgerufen wird diese Situation durch das Zusammentreffen warmer Luft aus dem nördlich des Landes vorherrschenden subtropischen Hochdruckgürtel mit den Süd- und Südwestwinden. Leute, die berichten, in Neuseeland regne es eigentlich immer, haben deshalb genauso Recht wie diejenigen, die behaupten, es scheine eigentlich immer die Sonne. Ausnahmen bestätigen auch hier die Regel: Besonders in den Sommermonaten und bis hinein in den Mai ist es oft über längere Zeit stabil und trocken, was zu besorgniserregender Dürre führen kann. Anderseits aber kann es gelegentlich auch über mehrere Wochen, ja Monate – mindestens in einigen Gegenden des Landes – bedeckt und regnerisch sein. Der Besucher nimmt deshalb mit Vorteil zur Kenntnis, dass Regen in manchen Gegenden eher die Norm als die Ausnahme darstellt. Am trockensten sind die Gegenden gleich östlich der Hauptgebirgsketten im Norden und Süden.

Der mäßigende Einfluss der Ozeane auf das Klima hat zur Folge, dass die durchschnittlichen Jahrestemperaturen zwischen Sommer und Winter am selben Ort nur um ungefähr zehn Grad differieren. So liegt die durchschnittliche Temperatur im «nördlichen» Auckland im Februar bei 20° C, im Juli bei 11° C. In Invercargill, am Südende der Südinsel, betragen die entsprechenden Werte 13° und 4° C. Der Unterschied im Jahresdurchschnitt zwischen dem Norden und dem Süden des Landes beträgt also ungefähr sieben Grad.

Die größten Gegensätze bezüglich der Temperaturunterschiede, Regenmengen und Sonnenscheindauer findet man jedoch nicht in Richtung Nord-Süd, sondern in Richtung West-Ost: Im Westen der Bergketten regnen sich die Wolken ab. Besonders auf der Südinsel ist dies dramatisch. Während im feuchten Klima an der

Westküste bis zu 5000 Millimeter Regen im Jahr fallen, findet man nur 50 bis 100 Kilometer weiter entfernt, auf der Ostseite der Berge im Regenschatten, die trockensten Gebiete des Landes mit weniger als 600 Millimeter im Jahr. Im Inneren der Provinz Otago auf der Südinsel herrscht ein beinahe kontinentales Klima mit geringer Feuchtigkeit. Der Unterschied ist auf der Nordinsel geringer, doch herrschen auch dort östlich der Berge in der Gegend von Gisborne und in Hawke's Bay die trockensten und wärmsten Verhältnisse. Die höchsten Temperaturen des Landes werden oft in der Gegend von Christchurch gemessen, wo unter dem Einfluss des föhnartigen Nordwestwindes, der trockene Luft von den Bergen bringt, das Thermometer gelegentlich über 30° C steigt. In Auckland jedoch weht auch an warmen Sommertagen, besonders in den Abendstunden, meist eine frische Brise, dafür sind in dieser Gegend die Winter relativ mild.

Die jährliche Regenmenge beträgt in Christchurch 660 Millimeter, in Auckland um 1250 Millimeter, ist dort also höher als in München (866 Millimeter), Wien (650 Millimeter) und auch Zürich (1130 Millimeter). Diese Regenmenge fällt aber meistens, besonders im Norden, in kurzen, heftigen Schauern. Es erstaunt denn auch nicht, dass die jährliche Sonnenscheindauer in Auckland mit etwa 2100 und in Christchurch mit etwa 2000 Stunden ebenfalls recht hoch liegt. Die sonnigsten Gebiete befinden sich allerdings im Norden der Südinsel, wo die Gegend um die Stadt Nelson mit 2500 Sonnenstunden den Landesrekord hält, und im Osten der Nordinsel bei Tauranga, Gisborne und Napier. In jenen Gegenden sowie um Auckland befinden sich auch die bekanntesten Weinbaugebiete des Landes.

Die Sonneneinstrahlung ist in Neuseeland außerordentlich stark, und das sich angeblich vergrößernde Ozonloch bereitet den Neuseeländern einige Sorgen. Die Zahl der Hautkrebserkrankungen bei den sich oft und meist leicht bekleidet im Freien aufhaltenden Neuseeländern – und auch Australiern – ist weltweit die höchste. Allerdings war diese intensive Sonneneinstrahlung schon vor der Entdeckung des Ozonlochs vorhanden. Den Einfluss der Sonne kann man unschwer bei der farblichen Zersetzung von Vorhängen oder Teppichen über eine relativ kurze Zeit im eigenen Haus erkennen.

Schnee fällt in den unteren Lagen beider Teile Neuseelands nur selten, doch sind Schneefälle im Innern der Südinsel häufig. Allerdings regnet es bis in die mittelhohen Lagen bald wieder auf den eben erst gefallenen Schnee.

In den vergangenen Jahren hat sich das Klima in Neuseeland gelegentlich «regelwidrig» gebärdet. Schwere Winter mit Temperaturen bis zu minus 22° C auf der Südinsel oder längere Dürreperioden waren die Folge.

Auf dem Mount Ruapehu auf der Nordinsel und insbesondere auch in den Bergen auf der Südinsel wird im Winter Ski gefahren. Es handelt sich dabei vorwiegend um den alpinen Skisport. Langlaufen kann man nur an wenigen Orten, da die Topographie des Landes dafür nicht geeignet ist. Passionierte Skifahrer können vom Dezember bis März in Europa und vom Juli bis September in Neuseeland Ski fahren!

In Auckland liegt die Temperatur im Winter frühmorgens gelegentlich auf einem Tief-

Tor für rituelle Zeremonien der Maori

punkt zwischen 0° und + 6° C, doch erreicht sie tagsüber meist 10° bis 15° C. In den Sommermonaten bewegt sie sich über mehrere Monate zwischen 19° und 25° C, was Neuseeländer als «heiß» bezeichnen, Besucher und Einwanderer aus Kontinentaleuropa, die oft fälschlicherweise ein subtropisches Südseeklima erwarten, aber höchstens als «warm» empfinden. Höhere Werte sind, außer in geschützten Tieflagen und östlich der Bergketten, eher selten. Wegen der hohen Luftfeuchtigkeit empfindet man jedoch die Temperaturen im Winter als kühler und im Sommer als wärmer. Gelegentlich entwickelt sich in den späten Sommermonaten in der Stadt bei warmen, nordöstlichen Winden ein schwüles Waschhausklima mit über 90 Prozent Luftfeuchtigkeit. Im Gegensatz dazu gibt es Gebiete auf der Südinsel, wo an 200 Tagen des Jahres Frost herrscht. Wegen dieser Vielfalt kann man das Klima Neuseelands gesamthaft weder als «subtropisch-mediterran» noch als «kalt» bezeichnen. Am ehesten ließe es sich wohl als «gemäßigt-maritim» bezeichnen. Hingegen zeigt die Vegetation besonders im Norden und Westen des Landes subtropische, am Meer östlich der Bergketten, etwa in Hawke's Bay oder in Nelson, mediterrane und auf den Höhen der Nord- und Südinsel alpine Züge.

Der Wechsel von Regen und Sonnenschein wirkt sich äußerst günstig auf die Vegetation aus. Das Gras wächst fast das ganze Jahr. Die Landschaft erscheint saftig grün. Bäume und Sträucher gedeihen so schnell, dass man glaubt, ihnen dabei zusehen zu können. In den wärmeren Gegenden des Nordens gedeihen auch Zitrus- und andere subtropische Früchte.

Ein ständiger Begleiter in Neuseeland ist der Wind. Wenn er aus Süden oder Südwesten weht, vermag er auch die stärkste Sonneneinstrahlung abzukühlen und bläst allfällig verschmutzte Luft gleich wieder weg. Besonders die Hauptstadt Wellington ist den Winden von allen Seiten ausgesetzt und wird oft von starken Stürmen heimgesucht. Die nördlichen Gegenden trifft im späten Sommer gelegentlich ein Tornado oder der Ausläufer eines Hurrikans.

Das Walten verschiedener Naturphänomene auf engem Raum birgt jedoch die Gefahr von Naturkatastrophen in sich. Bis jetzt haben sich zwar keine größeren Katastrophen ereignet, doch bestehen ja auch höchstens über die letzten 200 Jahre genaue Aufzeichnungen.

An Ratschlägen für richtiges Verhalten bei Sturmwinden, Flutwellen, Erdbeben und Überschwemmungen mangelt es nicht. So liest man unter anderem ernüchternde Eintragungen wie: «Wenn sich das Dach vom Haus abzuheben beginnt, sollte man die Fenster zur windgeschützten Seite öffnen» oder: «Man sollte bei einer Flutwelle nicht an den Strand gehen. Wenn man die Wellen sehen kann, ist es bereits zu spät zur Flucht.» Neuseeländer haben jedoch eine recht gelassene, ja unbekümmerte Einstellung zu diesen potentiellen Gefahren.

Neuseeland = Leben im Freien mitten in der Natur

Der intensive Sonnenschein, der warme Regen, die frische Luft, die weiten, unberührten Landschaften und die zu fast allen Häusern gehörenden Gärten erlauben den Neuseeländern einen viel intensiveren Kontakt mit der Natur als dies etwa in Europa der Fall ist. In den untersten Lagen, wo der Großteil der Bevölkerung wohnt, braucht man wenig Kleider, und der Körper ist oft der Sonne, dem Wasser und der Luft ausgesetzt. Barfuß gehen ist, besonders bei Kindern, weit verbreitet. Auf die Frage, was den neuseeländischen Lebensstil ausmacht, wird denn sowohl der Einheimische wie der Besucher in den meisten Fällen etwa folgende Antwort geben: «Der Kontakt mit der Natur, das Leben im Freien.» Entsprechend bietet das Land vor allem *Outdoor*-Erholung und Abenteuer. Der Besucher sollte sich Zeit nehmen, das Land zu erwandern und zu erforschen. Die geologische Jugend Neuseelands und das Wirken der Naturelemente erlauben auf engem Raum die Beobachtung von Naturphänomenen, die anderswo zeitlich und räumlich viel weiter auseinander liegen.

Erstaunliche Vegetation

Wer sich, über das Tasmanische Meer kommend, der Stadt Auckland im Flugzeug nähert, dem bietet sich aus der Vogelschau ein eindrückliches Bild vom Kontrast zwischen einheimisch-neuseeländischer und «importierter» Vegetation, die die Landschaft prägen. Zur linken Seite erinnert der immergrüne Regenwald der Waitakere Ranges in seiner Üppigkeit an tropische und subtropische Gebiete. Rechts hingegen erstreckt sich saftig grünes, hügeliges Wiesenland, auf dem Kühe und Schafe weiden. Vereinzelte Farmhäuser liegen verstreut an Hecken oder unter Kiefern, Pappeln und Eukalyptusbäumen. Der Vergleich mit Europa, Amerika (oder im Fall der Eukalyptusbäume mit Australien) fällt nicht schwer. Der Regenwald, der dem Reisenden «exotisch» vorkommt, ist ein Teil des typisch neuseeländischen Urwalds, der einst über die Hälfte des Landes bedeckte. Wenn Neuseeländer das Wort *exotic* brauchen, meinen sie jedoch genau das Gegenteil, nämlich die *eingeführten* Pflanzen- und Tierarten, die heute besonders die bewohnten Gebiete dominieren.

Die ganze ursprüngliche neuseeländische Vegetation, zu der neben den Wäldern auch Stauden, Gebüsche und Bültgras (ein rötlich gelbes, in Büscheln wachsendes Gras, das bis zwei Meter hoch werden kann, in Neuseeland *tussock* genannt) gehören, bedeckte einst fast das ganze Land, und als die Europäer im späten 18. Jahrhundert mit der Besiedlung begannen, nahm der Wald noch über die Hälfte der gesamten Fläche ein, heute macht er nur noch etwa ein Viertel aus. Diese ursprüngliche neuseeländische Vegetation überrascht immer wieder durch ihre Reichhaltigkeit.

Die von Regenwald bedeckten Waitakere-Hügelketten, über die der Besucher Auckland anfliegt, liegen gleich an den westlichen Außenbezirken der Stadt und sollen über 500 verschiedene Pflanzenarten beherbergen. Die Ursache dieser Reichhaltigkeit und Üppigkeit liegt im gemäßigt-ozeanischen Klima, in der topographischen und geologischen Beschaffenheit des Gebiets sowie seiner geographischen Lage. Sie alle gewährleisten zwischen dem in die Subtropen hineinragenden äußersten Norden und dem subantarktischen Süden des

Neuseeländischer Gebüschflachs (Phormium tenax)

Landes das Vorkommen einer eigenwilligen Flora. Verwandtschaften bestehen zwar zu Australien, dem Pazifik, Südostasien und dem südlichen Südamerika, aber die lange Isolierung der neuseeländischen Inseln von den nächsten Landmassen hat eine bemerkenswerte eigenständige Pflanzenwelt hervorgebracht. Alle einheimischen Waldbäume, etwa 40 Prozent der Farnbäume und 80 Prozent der Blütenpflanzen sind endemisch; sie kommen also nur in Neuseeland vor. Von den Waldbäumen bis zum Gras auf den Sanddünen ist diese Vegetation mit wenigen Ausnahmen immergrün. Einjährige Pflanzen sind selten, und es fehlt ein ausgeprägtes Frühlingserwachen oder ein herbstlich-winterliches Absterben. Die Blätter der meisten Bäume sind mattgrün und oft ledrig, auch fehlen der neuseeländischen Pflanzenwelt «schreiende» Farben. Die meisten Pflanzen haben kleine, weißliche oder grünliche Blüten, die kaum auffallen. Der Wald erweckt, besonders wenn man ihn aus einiger Entfernung betrachtet, den Eindruck einer fast kompakten, dunkelgrünen Fläche, die sich oft nur undeutlich vom Dunkelblau des Meeres abhebt.

Ausnahmen bilden der Kowhai, ein Schnurbaum (Sophora tetraptera) aus der Familie der Hülsenfrüchtler, der im Frühling traubenartige gelbe Blüten trägt, der Kaka Beak, ein Ruhmesblumen-Strauch (Clianthus puniceus), ebenfalls ein Hülsenfrüchtler, sowie der Rewarewa-Baum (Knightia excelsa) aus der Familie der Proteusgewächse, die beiden Eisenholzbäume Rata (Metrosideros robusta) und Pohutukawa (Metrosideros excelsa) aus der Familie der Myrtengewächse und der Puriri-Baum (Vitex lucens) aus der Familie der Eisenkrautgewächse, die rote Blüten haben. Die Pohutukawa mit ihren ausladenden, knorrigen Ästen zieren im Dezember die Strände mit roten, bürstenartigen Blüten und werden deshalb auch *Christmas Trees* genannt.

Im Gegensatz zu Australien, wo der Eukalyptusbaum in seinen verschiedenen Arten die Waldlandschaft weitgehend prägt, gibt es im neuseeländischen Wald nur relativ wenig dominierende Gewächse wie etwa die Südbuchen (Nothofagus-Arten) und die Myrtengewächse Manuka (Leptospermum scoparium) und Kanuka (Leptospermum ericoides).

Tiefe Baumgrenze

Im Norden und Westen, vor allem in Küstennähe, findet man subtropische Feuchtwälder, in tieferen und mittleren Lagen Mischwald und in höheren Lagen die Südbuchenwälder. Letztere sind weniger gegliedert und artenärmer als die tiefer gelegenen Wälder. Sie reichen auf der Südinsel oft bis in die alpine Zone hinein. Wo die subalpine Zone nicht bewaldet ist, herrscht üppiger Gras- und Staudenwuchs. Die Baumgrenze befindet sich im Norden zwischen 1000 und 1350 Metern, im Süden zwischen 600 und 900 Metern. Sie ist also im Vergleich zu Mitteleuropa relativ tief, erlaubt es aber, in einer relativ kurzen Wanderung mehrere Vegetationszonen zu durchqueren. Das steppenartige, gelbbraune Tussock-Bültgras findet man von Meereshöhe bis zur alpinen Zone, besonders häufig in den trockenen Zonen im Innern der Südinsel und auf dem Vulkanplateau der Nordinsel. Ausgedehnte Sumpf- und Morastlandschaften, auf denen oft hohes Raupogras wächst, haben ihre eigene Faszination. Flachs und Büschel von Toe-toe-Silbergras gedeihen auf schlechterem Boden. Vor allem auf den Wiesen sind der Puriri-Baum und der neuseeländische Keulenlilienbaum (Cordyline australis) – auch Kohlpalme genannt – aus den Agaven-Familien zu sehen. Tussock-Bültgras, Toe-toe-Silbergras, Flachs, Keulenlilien- und Farnbäume verleihen der neuseeländischen Landschaft ihren spezifischen Charakter, etwa so wie die Kakteen den amerikanischen Wüsten oder die Kokospalmen den Tropen.

Das eindrücklichste Erlebnis der neuseeländischen Vegetation bietet zweifellos der Wald, den die Einheimischen allgemein als «Busch» *(bush)* bezeichnen. Sobald man einen solchen Busch der unteren oder mittleren Lage betritt, verschwindet das eben noch grelle Sonnenlicht. Nur ab und zu dringt ein Lichtstrahl durch die hohen Baumkronen und bewirkt märchenhafte Lichteffekte auf den Farnbäumen und Nikau-Palmen (Rhopalostylis sapida), den südlichsten Palmen der Erde. Lediglich Vogelstimmen und gelegentlich das Rauschen eines Bachs unterbrechen die tiefe Stille. Fantails (Vögel, die ihren Schwanz wie einen Fächer auseinander falten können) produzieren ihre akrobatischen Flüge gleich vor den Augen des Wanderers. Hie und da hebt sich schwerfällig und geräuschvoll eine der korpulenten Wildtauben von einem Ast ab. Die Luft ist feucht und warm, der Humusboden gibt den Füßen leicht und angenehm nach.

Der Busch besteht aus mehreren «Stockwerken». In einer Höhe von etwa 20 bis 25 Metern befindet sich das «Hauptstockwerk» von Bäumen, deren Kronen ein Dach für die darunter liegende Pflanzenwelt bilden. Dieses Dach durchstoßen vereinzelte Bäume, die bis zu 60 Meter hoch werden können. Dazu gehören der Rata und Steineiben wie Kahikatea (Podocarpus dacrydioides), Totara (Podocarpus totara) und Rimu (Dacrydium cupressinum). In den nördlichsten Wäldern ragen auch bis zu 2000 Jahre alte Kaurifichten (Agathis australis) aus der Familie der Araukariengewächse über das «Hauptstockwerk» hinaus. Unterhalb findet man Farnbäume und Nikau-Palmen sowie jüngere Exemplare von Bäumen, die einmal das «Hauptstockwerk» bilden werden. Kompakte Farnbaumwälder sieht man oft außerhalb des Buschs, wo sie in feuchten Geländeschneisen gedeihen, und einer der schönsten Nikau-Palmenwälder säumt den Pfad auf der mehrtägigen *Heaphy-Track*-Wanderung, wo dieser die Westküste der Südinsel erreicht. Bei regnerisch-trübem Wetter verschwinden die Kronen der höchsten Bäume in Nebelschwaden, und der Busch präsentiert sich in verhaltener Schönheit.

Bei manchen Bäumen zeigen sich zwischen Jugend und Reife erstaunliche Unterschiede. So sieht etwa das «Lancewood» (Pseudopanax crassifolius) aus der Aralien-Familie in seiner ersten Entwicklung aus wie ein Regenschirm ohne Tuchbespannung: Vom dünnen Stamm stehen etwa ein Zentimeter breite und bis zu

Kauri-Wald

einem Meter lange bräunliche, zähe «Lanzen» ab, die mit heimtückischen Haken versehen sind. Etwa 20 Jahre später jedoch besitzt der Baum elastische, etwa 30 Zentimeter lange und zwei bis drei Zentimeter breite Blätter. Über dem Waldboden schließlich folgt das «Stockwerk» der Büsche, Sträucher und verschiedenen Farne. Hinzu kommen Lianen sowie die Kiekie (Freycinetia baueriana) aus der Schraubenbaum-Familie, die südlichste Vertreterin von etwa 100 Arten, die von Sri Lanka bis zu den Polynesischen Inseln verbreitet ist. Klettergewächse aller Art versperren dem Wanderer den Weg. Besonders berüchtigt ist der «Bushlawyer» («Buschadvokat»), eine Himbeeren-Art, die einen mit ihren klebrigen Haken festhält.

Am Waldboden schließlich findet man nicht nur verrottende Pflanzen und Bäume, sondern auch winzigste Farne, Moose, Pilze und, wenn man genau hinschaut, sogar Orchideen. Zu diesen Gewächsen der verschiedenen «Stockwerke» gesellt sich eine Vielfalt von Pflanzen, die nur der besseren Lichtverhältnisse wegen auf Bäumen oben leben, sich aber selbständig ernähren: die sogenannten Epiphyten, die oft einen Umfang von mehr als einem Meter erreichen. Als vom Boden unabhängige Gewächse wohnen sie auf Ästen oder schmiegen sich in die Astgabeln selbst der höchsten Bäume. Jeder lehnt sich an jeden, und manche Bäume sind gleichsam von Epiphyten besetzt. Besonders eindrücklich ist das Beispiel des Rata-Baums, der sein Leben ebenfalls als Epiphyt beginnt: Aus einem Samen, der auf irgendeinem Baum oben keimt, bildet der heranwachsende Rata Luftwurzeln nach unten zur Erde und wird schließlich selbst ein stattlicher, bis zu 25 Meter hoher Baum. Eines jedoch fehlt in dieser Üppigkeit fast völlig: Neuseelands einheimische Flora sendet kaum Düfte aus.

Im Gegensatz zu verschiedenen lichten Waldtypen in Europa und Australien kann man im neuseeländischen Busch, abgesehen vom weniger dichten Küstenwald, meist nicht abseits von Pfaden wandern, denn im Dickicht wird man völlig zerkratzt und kann sehr schnell die Orientierung verlieren, da man den Himmel und vor allem die weitere Umgebung unter den verschiedenen «Stockwerken» von Bäumen nur selten sieht. Eine Wanderung durch den Busch vom Meeresspiegel bis auf etwa 1500 Meter Höhe gehört zu den einmaligen Erlebnissen in der neuseeländischen Natur. Für Besucher, die nur ein paar Tage bei Auckland Zeit haben, empfiehlt sich die mittelschwere Tageswanderung von Meereshöhe auf den 891 Meter hohen Berg Moehau auf der Halbinsel Coromandel nördlich von Colville.

Im ursprünglichen neuseeländischen Wald finden sich keine Fichten, Kiefern und Tannen, die so typisch für manche Wälder der nördlichen Hemisphäre sind. Sie wurden erst später von den europäischen Einwanderern eingeführt.

Vielfältige Tierwelt

Nicht weniger eindrücklich als die Pflanzenwelt ist auch Neuseelands Tierwelt. Wegen der bereits 60 bis 80 Millionen Jahre dauernden Isolierung von anderen Landmassen fehlen vor allem Landtiere, und es überrascht deshalb nicht, dass die ursprüngliche Landfauna vor allem aus Vögeln besteht. Getrieben von den oft heftigen West- und Südwestwinden war und ist es für sie leicht, nach Neuseeland einzufliegen. Von diesen starken Westwinden profitieren selbst die modernen Düsenflugzeuge, treffen sie doch oft bis über eine Viertelstunde früher als geplant in Neuseeland ein.

Die neuseeländischen Vögel kamen zu verschiedenen Zeiten ins Land. Die ältesten dieser Einwanderer entwickelten eigenartige Züge, von denen die Flugunfähigkeit zu den auffallendsten gehört. Das einzige Landsäugetier, das bereits vor der ersten Besiedlung durch die Menschen vor etwa 1000 Jahren in Neuseeland lebte, war die Fledermaus. Die Maori brachten den Hund und die Ratte, doch alle anderen Säugetiere kamen erst mit den Weißen ins Land, das heißt erst innerhalb der letzten 200 Jahre.

Die Tatsache, dass Neuseeland bis etwa zum 10. Jahrhundert n. Chr. noch nicht von Menschen besiedelt war, erlaubt das Studium archaischer, sozusagen lebendig konservierter Tiere und eigentümlicher Vogelarten, die anderswo bereits ausgestorben sind oder sich gar nie entwickelt haben.

Als eine Art lebendes Fossil, das nur noch in Neuseeland vorkommt, kann man die Brückenechse (Tuatara) bezeichnen. Sie ist der einzige Zeuge aus der Blütezeit der Reptilien, dem Erdmittelalter, das etwa 170 Millionen Jahre zurückliegt. Die Tuatara wird bis 65 Zentimeter lang. Besonders charakteristisch sind die ursprünglichen Hinterleibsrippen und der Nacken- und Rückenkamm. Die Tuatara wird möglicherweise bis 100 Jahre alt und lebt vorwiegend auf den kleinen, der Küste vorgelagerten Inseln nordöstlich von Auckland. Sie ist vor allem nachts aktiv und kann angeblich gut beißen, wenn sie angegriffen wird.

Besonders typisch für Neuseeland sind jedoch die einheimischen Vögel, die nur schlecht oder unwillig fliegen und oft sogar gänzlich flugunfähig sind. Für diesen Zustand gibt es verschiedene Erklärungen. Die Tatsache, dass der im späten 18. Jahrhundert ausgestorbene Moa-Vogel Verwandte ähnlicher Gestalt im australischen Emu, im afrikanischen Vogel Strauß und im Kasuarvogel auf Neuguinea hat, wird von manchen Forschern als Beweis für früher vorhandene Landbrücken zu benachbarten Landmassen gesehen. Diese Brücken sollen dem bis zu vier Meter großen Moa und dem kleineren Kiwi die Einwanderung nach Neuseeland erlaubt haben. Anderseits glaubt man, dass viele Vögel erst nach ihrer Ankunft in Neuseeland – über Landbrücken oder durch Einflug über die Meere – flugträge oder flugunfähig wurden, weil sie von keinerlei Feinden bedroht waren. Gleichzeitig wurden

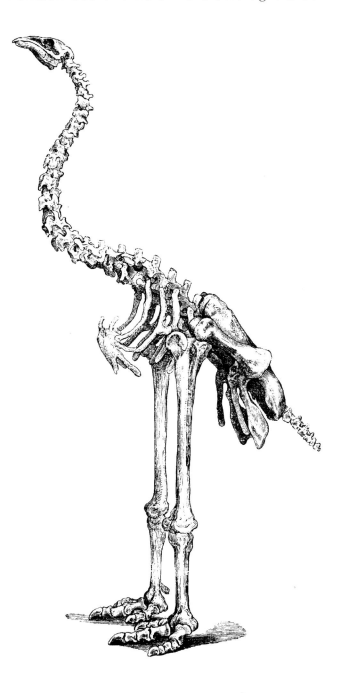

Auch als Skelett hochimposant: der ausgestorbene Moa

sie schwerer und größer und entwickelten starke Beine. Neuseeland muss früher ein richtiges Vogelparadies gewesen sein.

Kiwis, Keas und andere Vogelclowns

Der Kiwi ist zum neuseeländischen Nationalsymbol geworden wie das Känguruh in Australien. Neuseeländer bezeichnen sich gerne selbst als Kiwis.

Der Kiwi ist ein Nachtvogel. Er ist etwa so groß wie ein Huhn und hat feine, braune Federn. Mit seinem dünnen, langen Schnabel bohrt er geschäftig im Boden nach Nahrung. Das Weibchen legt nur ein Ei, das aber ein Viertel seines Körpergewichts ausmacht und ausschließlich vom Männchen ausgebrütet wird.

Weitere Mitglieder dieser illustren flugunfähigen Gesellschaft sind die Weka-Ralle und der papageienartige Kakapo. Der Takahe, den man bereits ausgestorben glaubte, wurde 1948 im entlegenen Fjordland wieder entdeckt. Wie die Weka-Ralle gehört er zur Familie der Rallenvögel. Er hat schimmernd blaue Federn und einen roten Schnabel. Verwandt mit ihm ist der Pukeko, ein Sumpfhuhn. Der Pukeko kann zwar fliegen, scheint dies aber nur ungern zu tun. Im Gegensatz zum Takahe ist er aber keineswegs vom Aussterben bedroht, und man begegnet diesem liebenswürdigen Clown oft gleich am Straßenrand, wo er mit dem Fuß die Nahrung aufhebt und dann frisst. Dabei läuft er geschäftig herum und zuckt nervös mit dem Schwanz, so dass die weiße Unterseite seiner Schwanzfedern sichtbar wird.

Ebenfalls ein lustiger Geselle ist der Bergpapagei Kea. Im Gegensatz zu den scheuen flugunfähigen Vögeln ist er ein guter Flieger und zeigt ausgesprochenes Interesse an Besuchern. Er ist grünlich, bis auf die orange Unterseite seiner Flügel. Man erzählt, er habe Bergsteigern schon glänzende Gegenstände wie Messer oder Fotoapparate gestohlen – wohl ein recht ungewöhnlicher Fall für die Reisegepäckversicherung!

Interessante Abenteuer mit Vögeln erwarten den Neuseeland-Wanderer auf Schritt und Tritt. Der Autor dieses Buches erinnert sich an eine Begebenheit auf dem Arthur's Pass auf der Südinsel, als ihm ein Kea den eben erst aus der Kamera entfernten Film in einem unbeobachteten Moment gleich aus dem Rucksack stehlen wollte.

Ein anderes Mal bemühte er sich mit seiner Frau mindestens eine Viertelstunde lang, eine scheue Weka-Ralle im Gebüsch zu «orten» – ohne Erfolg. Nur um später etwas weiter entfernt in einem Café eine ganze Gruppe Wekas ohne jede Scheu gleich bei den Gästen herumlaufen und um Kuchen und andere Leckerbissen betteln zu sehen!

Dass man in Neuseeland gleichsam in Tuchfühlung mit den vielen Vögeln lebt, ist heute weniger den teilweise selten gewordenen flugunfähigen Vögeln zu verdanken, sondern der großen Zahl der «Einwanderer» aus jüngerer Zeit und der später von den weißen Siedlern aus Übersee eingeführten Vogelarten. Dazu kommen Zugvögel aus dem «nahen» Australien und, wie die Pfuhlschnepfe, aus dem entfernten Sibirien. In der Stadt wird man von Amseln und Drosseln geweckt, und der Tui schmettert seine Laute, vor allem im Frühling, wenn er an den Blüten des Kowhai-Baums und am Flachs herumturnt, und Silvereyes klettern auf Kohlpalmen umher. Schimmernde Stare picken im Rasen vor dem Haus. Spatzen sind allgegenwärtig und fliegen sogar in Cafés und Restaurants hinein. Mynas – braune, kräftige,

Textfortsetzung Seite 57

Rotorua aus der Luft, Blick auf das geothermale Gebiet um Whakarewarewa: Aufgrund einer Bruchkante in der Erdkruste erstreckt sich zwischen dem Tongariro-Nationalpark und Rotorua eine der vulkanisch aktivsten Zonen der Erde

Der berühmte «Pohuto» im Whakarewarewa Thermal Reserve: zehn bis 25 Mal am Tag spuckt Neuseelands größter Geysir seine bis zu 20 Meter hohe Wasserfontäne in die Luft

Blick vom Helikopter über das Waiotapu Volcanic Wonderland, bekannt geworden durch einige spektakuläre vulkanische Erscheinungen wie dem «Champagne Pool»

Urgewalten aus dem Erdinneren formen noch immer die Landschaft von Whakarewarewa

Waiotapu Volcanic Reserve: In verschiedensten Farben schillern die Silikat-Terrassen der sogenannten «Artist's Palette»

Waiotapu Volcanic Reserve: Im sogenannten «Champagne Pool» sprudelt und perlt heißes, an Mineralien reiches Thermalwasser aus einer großen, alkalischen Quelle, die einen 1900 Jahre alten Explosionskrater füllt

nächste Doppelseite: Blick in den Krater des 1111 Meter hohen Tarawera-Vulkans: Bei seinem letzten Ausbruch am 10. Juni 1886 explodierte der Berg und begrub 152 Einwohner dreier Maori-Dörfer unter zweieinhalb Metern Schlamm und Asche

Flanke des Tarawera-Vulkans: Eine Besteigung gerät dort leicht zur Rutschpartie

Vulkanlandschaft des Tarawera: Bei seinem letzten Ausbruch riss der Untergrund auf einer Strecke von 19 Kilometern!

unten: Blick aus dem Helikopter auf den Lake Tarawera

Das Waimangu-Tal wurde durch den Ausbruch des Tarawera im Jahre 1886 völlig verändert. Die Pracht der berühmten Sinterterrassen wurde total zerstört. Eines der dort heute noch zu besichtigenden vulkanischen Phänomene ist der sogenannte «Inferno Crater», der in regelmäßigen Abständen «überkocht», um sich danach wieder erneut zu füllen

Die Huka Falls im Wairakei-Nationalpark bei Taupo. «Huka» bedeutet «Schaum» – und diese Wasserfälle machen ihrem Namen alle Ehre

unten: Bei Taupo verlässt der wasserreiche Waitako River den See, um sich später in die Huka Falls zu ergießen

Die «Craters of the Moon», südlich von Wairakei. Auch hier dampft, brodelt und zischt es gewaltig. Kein Spaß für feine Nasen, denn es entsteigen geradezu nach faulen Eiern riechende Dämpfe

unten: Vulkanische Erscheinungsformen (Furmarolen) im Waimangu Volcanic Valley

Das geothermale Dampfkraftwerk Wairakei ist das zweitgrößte der Welt. Durch den enormen Dampf, den die Erde dort ablässt, kommt das Kraftwerk auf Touren

unten: Geothermale Energie – hier in ungebändigter Form – im Whakarewarewa Thermal Reserve

Wo die Erde ruhig bleibt, fühlen sich auch die Rinder wohl: Abendstimmung im Pirongia Forest Park, Hamilton

aus Indien stammende Vögel mit schrillem Laut – balgen sich auf dem Hausdach in der Nähe großer Möwen, die dort auf ihrem Flug zum Strand Rast machen. Und es kann sogar vorkommen, dass einem ein Pfau in den Garten geflogen kommt. Fährt man dann zur Arbeit in die Stadt, so kann man längs der Autobahn Pukekos und Fasane sehen, und dem Meer entlang sitzen Kormorane mit zum Trocknen ausgebreiteten Flügeln mitten zwischen geschäftig umhereilenden Reihern und Wasservögeln. Und fährt man über Land, so fliegen rotgrüne Sittiche und Goldammern vor dem Auto auf. Wo Manuka-Bäume wachsen, tummeln sich Fantails, und nicht selten muss man bremsen, weil eine Familie von Schnepfen die Straße überquert.

Vielseitig ist auch Neuseelands Meeresfauna. Sie reicht vom tropischen Mako-Haifisch und dem Thunfisch bis zu den subantarktischen blauen Pinguinen und Seehunden. Nicht selten kann man Delphinen vom Land oder Schiff aus zuschauen. Fische und Muscheln sammeln gehört denn auch zu den beliebtesten Freizeitbeschäftigungen und sie bereichern zudem den Speiseplan. Muscheln suchen lohnt sich besonders: man kann sicher sein, unter den Tausenden von Herzmuscheln *(cockles)*, *tuatuas* oder Miesmuscheln einen guten «Fang» zu machen.

Siedler-Sünden

Dass die Maori den Hund und die Ratte nach Neuseeland einführten, haben wir bereits erwähnt. Sie rotteten den Moa-Vogel aus, und weitere 45 Vogelarten sollen bereits ausgestorben gewesen sein, als die ersten weißen Siedler ins Land kamen. Ebenso brannten die Maori einigen Busch ab, doch im Allgemeinen blieb das ökologische Gleichgewicht bis zum Beginn der organisierten Einwanderung der Weißen vor etwa 150 bis 200 Jahren weitgehend ungestört. Seither sind Pflanzen- und Tierwelt wie auch das Landschaftsbild allerdings wesentlich verändert worden. Europäische, australische und amerikanische Pflanzen überwiegen heute in den bewohnten Gebieten. Die Siedler wollten sich das Land möglichst schnell untertan machen und Gewinn erzielen. Um Weideland zu schaffen, mussten große Teile der einheimischen Wälder gefällt oder abgebrannt werden. Gebüsch und Mangrovengebiet wurde aufgeschüttet. Neue Pflanzenarten aus aller Welt wurden eingeführt, darunter Eichen, Weiden und Pappeln aus Europa, Palmen, Bananenstauden, Hibisken, Bougainvilleen, der Moreton-Bay-Feigenbaum (Ficus macrophylla) sowie das Kikuyu-Gras aus tropischen Gebieten, aus Amerika Kiefern, die Küsten-Sequoia («Redwood») und die Monterey-Zypresse (Cupressus macrocarpa), aus Australien eine Vielzahl von Eukalyptusarten und Akazien («Mimosen»). In jüngster Zeit sind ausgedehnte Gebiete mit der kalifornischen Monterey-Kiefer (Pinus radiata) aufgeforstet worden.

Wertvolle Bäume wie etwa die riesigen Kaurifichten wurden von den Pionieren gefällt, mit Ochsengespannen in die Sägewerke geführt und meist nach Australien exportiert. Etwa 70 Arten von Tieren, vor allem Säugetiere, kamen ins Land. Kühe, Schafe und Schweine wurden zur Grundlage der Viehzucht. Forellen wurden in die Seen und Flüsse eingesetzt. Auch Kaninchen, Hasen, Opossums, Hirsche, Gemsen und der Himalaja-Thar wurden eingeführt. Die an keine Feinde gewöhnte Vogelwelt bildete für die Neuankömmlinge keine Gefahr, wurde aufgefressen, immer weiter zurückgedrängt und schließlich weitgehend dezimiert. Manche dieser eingeführten Arten gediehen in dem idealen Klima über alle Erwartungen gut und wurden damit oft zu richtigen Schädlingen: Schottischer Stechginster (gorse) und Brombeerbüsche gerieten außer Kontrolle und müssen nun mit großem Aufwand in Schach gehalten werden. Opossums haben sich über das ganze Land verbreitet und fügen Obstplantagen, aber auch dem einheimischen Busch beträchtlichen Schaden zu und müssen nun auf teure und komplizierte Art bekämpft werden. Die indischen Myna-Vögel, als Aasfresser importiert, setzen anderen Vogelarten hart zu.

Die Abholzung, aber auch das Hochwild und die Ziegen, die im Busch das Unterholz abfressen, tragen zur Erosion des Bodens bei. Abgeholzte Gebiete sind dem Wind und dem Wetter besonders ausgesetzt, und der Boden gibt schnell nach, wobei die beste Erde ins Meer geschwemmt wird. Bei Sturm und Regen werden Straßen und Bahnlinien relativ oft durch Schlammniedergänge unterbrochen.

Das ökologische Gleichgewicht Neuseelands ist empfindlich gestört, doch ist es keineswegs zu spät, die einzigartige Landschaft und Natur zu bewahren. Der Naturschutzgedanke war für die Nachkommen der Pioniere lange Zeit neu. Land wird auch heute noch schnell gekauft und ebenso schnell wieder verkauft, wenn es keine Rendite mehr abwirft.

In Neuseeland leben heute elf Prozent aller gefährdeten Vögel der Welt – mehr als in jedem anderen Land. Man unternimmt große Anstrengungen, diese einmalige Fauna zu erhalten. Zunächst bemüht man sich, auf den kleinen vorgelagerten Inseln die ursprüngliche Flora und Fauna wieder zu etablieren, zum Teil mit entsprechenden Giften gegen besonders hartnäckige Schädlinge, etwa gegen die Opossums, und dies mit einigem Erfolg. Wenn sich die verschiedenen gefährdeten Arten dort erholt haben, sollen dann auch die Hauptinseln in größerem Rahmen entsprechend «behandelt» werden. Um die Erosion zu bekämpfen und der Aufforstung zum Erfolg zu verhelfen, wird schädliches Freiwild mit Helikoptern eingefangen. Über das ganze Land verbreitet sind Nationalparks und Naturschutzgebiete: es gibt 13 *National Parks*, 20 *Forest Parks*, drei *Maritime Parks* und mindestens 4000 kleinere Reservate.

Neue Farben – und endlich auch duftende Blüten

Die eingeführte Pflanzen- und Tierwelt hat aber auch zu einer neuen Vielfalt beigetragen. Wo ursprünglich weitgehend die grüne Farbe vorherrschte, ist das Farbenspektrum beachtlich erweitert worden. Und während die einheimischen Blüten kaum duften, verbreiten die eingeführten Pflanzen, besonders in warmen Nächten, die verschiedenartigsten Düfte. Genauso anfällig wie die einheimische Flora und Fauna waren, als die ersten fremden Arten ins Land kamen, so sind auch die heutige neuseeländische Natur und die Landwirtschaft relativ wenig immun gegen eingeschleppte Krankheiten. Flugzeuge und Passagiere werden bei der Ankunft in Neuseeland mit einem Desinfektionsmittel besprüht, und die Landwirtschaftskontrolle ist streng. Sohlen von Schuhen, die auf ausländischen Farmen getragen wurden, werden vom Zollbeamten gelegentlich persönlich geputzt, und Samen, die einem die lieben Verwandten im Ausland mitgaben, werden genauestens geprüft, bevor sie zugelassen werden. Der Ausbruch einer bisher unbekannten Krankheit wie zum Beispiel der Maul- und Klauenseuche hätte für die Wirtschaft des Landes katastrophale Folgen.

Vom britischen Außenposten zur eigenständigen pazifischen Nation

Die Geschichte des Landes bis zum Eintreffen der Europäer wird, wie wir bereits gesehen haben, als Vorgeschichte bezeichnet. Die neuere Geschichte ist nur etwa 200 bis 300 Jahre alt, während die Vorgeschichte bis spät ins 18. Jahrhundert hineinreicht. Zeugen beider Epochen sind heute oft in unmittelbarer Nachbarschaft zu finden: Auf Aucklands erloschenem Vulkan Mount Eden entdeckt man gleich unterhalb der modernen Radioantenne alte Kumara-Gräben, in welchen die Maori früher ihre Süßkartoffeln lagerten, und von den weißen Siedlern eingeführte Schafe fressen im Vulkankegel das Gras, das über die Muschelabfälle eines Maori-Pa gewachsen ist. Und wie bei Flora und Fauna bilden in Neeseelands Geschichte Isolation und Insularität sowie deren Auswirkungen die entscheidenden Faktoren.

Die Maori fühlten und fühlen sich als *Tangata Whenua*, als Teil dieser Scholle, als «Einheimische». Enge Kontakte mit der Außenwelt oder Heimweh nach einer «früheren Heimat» kannten sie nicht. Als die Europäer im ausgehenden 18. Jahrhundert ins Land kamen, dauerte die Schiffsreise von und nach Britannien zwar noch bis 160 Tage, doch hatten sie – im Gegensatz zu den Maori – permanente Außenbeziehungen, vor allem zum benachbarten Australien. Aber sie mussten sich den Gegebenheiten des neuen Landes am Pazifik anpassen. Die Folgen davon waren Heimweh nach der Alten Welt und die Herausbildung einer kolonialen Lebensweise, Wirtschaft und Kultur. Es bot sich ihnen aber auch die Chance, im neuen Land gleichsam von vorn zu beginnen und Experimente in Gesellschaft und Wirtschaft durchzuführen, die in einem dicht besiedelten Land mit langer Tradition unvorstellbar oder unmöglich gewesen wären. Beide Aspekte – und ihre Folgen – durchziehen bis heute die Geschichte Neuseelands.

Im Gegensatz zu den Maori waren die weißen Kolonisten, und vor allem ihre Wirtschaft, stark von den Ereignissen in der Außenwelt abhängig. Außenpolitische Entscheidungen werden auch heute noch weitgehend aufgrund wirtschaftlicher Erfordernisse gefällt, und die Wirtschaft dominiert letztlich auch die Innenpolitik: Die starke Betonung «nützlicher» Fächer wie etwa *management studies* oder *business studies* im höheren Schulwesen zeugt davon. Neuseelands neuere Geschichte ist deshalb weitgehend auch Wirtschaftsgeschichte. Sie kann in drei Perioden eingeteilt werden:

1769–1882: Die Landnahme: Die Zeit von der Entdeckung durch Kapitän Cook, der Erforschung, Urbarmachung und Besiedlung des Landes durch Einwanderer aus Europa bis zur Ausfahrt des ersten Fleischkühlschiffs.

1882–1973: Das koloniale Neuseeland: Die Zeit der doppelten Monokultur und der Herausbildung einer kolonialen Wirtschaft, als Neuseeland sein Einkommen vorwiegend aus dem

Junge Maori im 19. Jahrhundert

Export erstklassiger tierischer Produkte erzielte, Export und Import allerdings einseitig auf Großbritannien ausgerichtet waren, Neuseeland anderseits auf sozialem Gebiet mit der Schaffung eines Wohlfahrtsstaates eigene Wege ging; am Ende dieser Periode Abnabelung vom einstigen «Mutterland» Großbritannien nach dessen Beitritt zur Europäischen Union im Jahr 1973.

Seit 1973: Neuseeland wird Teil der «großen Welt» – im Positiven wie im Negativen: Großbritanniens Beitritt zur EU führte zu einer fundamentalen Krise des neuseeländischen Staatswesens. Mitte der Achtzigerjahre beginnt die umfassende wirtschaftliche und soziale Umgestaltung des Landes, insbesondere der einschneidende Abbau des Wohlfahrts- und Subventionsstaates und dirigistischer Handelsbarrieren zugunsten einer radikalen Marktwirtschaft amerikanischer Prägung mit all den damit verbundenen Härten. Nicht mehr Großbritannien, sondern Asien ist nun der wichtigste Wirtschaftspartner Neuseelands. Außenpolitisch kommt es zu Schwierigkeiten mit traditionell befreundeten Ländern wie den USA, Australien und Frankreich wegen Neuseelands antinuklearer Politik. Der Tourismus wird zum wichtigsten Devisenbringer.

1769–1882: Erforscher und erste Einwanderer aus Europa

Eine interessante Zeit der Entdeckungsreisen im Innern von Neuseeland – oft unter ungeheuren Strapazen im dichten Busch und entlang wilder Flüsse – begann nach der Entdeckung durch Kapitän Cook. Es mag erstaunen, dass sich unter diesen Entdeckern und Reisenden nicht wenige aus deutschsprachigen Gebieten Europas befanden, die einen bedeutenden Beitrag zur wissenschaftlichen und kulturellen Erschließung des Landes leisteten. Dazu gehören die Naturwissenschaftler Sir Julius von Haast (der Haast-Pass ist nach ihm benannt), Ernst Dieffenbach, Ferdinand von Hochstetter und Andreas Reischek, die Künstler Gustavus von Tempsky und Gottfried Lindauer, die Musiker Michael Balling und Karl Schmitt, die Großhändler Louis Ehrenfried und Bendix Hallenstein sowie die Missionare Johann Friedrich Riemenschneider und Johann Friedrich Wohlers. Der erste Schweizer in Neuseeland war angeblich Johann Webber (Wäber), der als Kartograph auf Kapitän Cooks dritter Antipodenreise 1777 mitreiste. Unter den Schweizern finden sich natürlich auch verschiedene Bergführer, unter ihnen Lauper, Boss, Kaufmann und Zurbriggen. Heute erinnern topographische Bezeichnungen an einige von ihnen, so etwa der *Louper Stream* im Oberlauf des Rakaia-Flusses oder die *Zurbriggen Ridge* am Mount Cook. Die Beschreibungen und Berichte dieser «Berufsreisenden» über Land und Leute sind auch heute noch lesenswert. Natürlich verglichen sie das neue Land immer wieder mit ihrer eigenen Heimat. So etwa schreibt Lauper:

«Ich ging schnell, und meine Gedanken wanderten zurück in mein Heimatland. Die Berge und Gletscher hier erinnern mich an meine jungen Tage, als ich, wie so oft, leichten Herzens und sorgenfrei durch ebensolche Gegenden wanderte ...»

Vom Ende des 18. Jahrhunderts bis 1840 wurde Neuseeland als Dependenz von Australien verwaltet, von wo damals auch die meisten Kolonisten herkamen. Sie ließen sich in kleinen Gruppen vorwiegend im Norden der Nordinsel und im Südwesten der Südinsel nieder und rotteten Robben und Wale weitgehend aus. Unter ihnen gab es auch dubiose

Abenteurer, die sich besonders in Kororareka (dem heutigen Russell) in der Bay of Islands einfanden, wo angeblich zeitweise das Faustrecht herrschte.

Spannungen mit den Maori waren häufig, ließen sich allerdings meist friedlich beilegen, und mancher weiße Einwanderer lebte bei den Maori auf den Dörfern. Dies änderte sich jedoch mit der Verbreitung von Gewehren, welche die zum Maori-Lebensstil gehörenden Stammesfehden bald in bittere Gefechte verwandelten. Eingeführte Krankheiten wie Masern und Grippe dezimierten die Maori, da sie dagegen keine Resistenz besaßen.

Mit den Kolonisten kamen auch die Missionare der verschiedenen christlichen Bekenntnisse. Sie versuchten, die Maori vor der schamlosen Ausbeutung durch die europäischen Händler und Kolonisten zu schützen, und setzten sich für sie bei der Regierung in London ein. Anderseits drängten sie auf eine rasche Europäisierung von Sitten und Gebräuchen. Manche Missionare erfreuten sich eines beträchtlichen Ansehens bei den Maori, und es gelang ihnen, dem Kannibalismus Einhalt zu gebieten. Anfänglich waren die Bekehrungen nicht zahlreich, doch bis zum ausgehenden 19. Jahrhundert waren die meisten der damals noch verbliebenen Maori Christen geworden. Wie andere Südseevölker sind sie dies nun oft mit mehr Hingabe als ihre einstigen Lehrer. Die Vielfalt an Glaubensbekenntnissen zeigt sich heute äußerlich an der im Verhältnis zur Bevölkerung großen Zahl von Kirchen in Stadt und Land.

Im Jahr 1840 wurde Neuseeland von Großbritannien annektiert und zur Kolonie erklärt. Für diesen Schritt werden von Historikern ver-

Missionsstation Mitte des 19. Jahrhunderts in Taupiri

schiedene Gründe angeführt: Die Missionare wollten die Maori vor der Ausbeutung durch die Kolonisten schützen. Die «New Zealand Company» unter der Leitung des britischen Sozialutopisten Edward Wakefield (1796–1862) versuchte, in Neuseeland durch gezielte Einwanderung eine idealere Kopie Britanniens zu schaffen, und zu diesem Zweck sollten speziell ausgewählte Briten aus allen – außer den untersten – sozialen Schichten nach Neuseeland gebracht werden. Die neue Kolonie sollte ein höheres Ansehen erhalten als etwa das «primitive» Amerika. Und schließlich soll auch Großbritanniens Regierung ein gewisses, wenn auch nicht allzu starkes Interesse an der Annexion gezeigt haben, um Ordnung in die chaotischen Zustände zu bringen. Und schließlich befand man sich damals eben im Zeitalter der Entdeckungen, der weltweiten Kolonisation und Missionierung.

Der Vertrag von Waitangi

Am 6. Februar 1840 wurde in Waitangi, in der Bay of Islands, ein Vertrag zwischen dem Kapitän und späteren Generalgouverneur Neuseelands, William Hobson, und etwa 45 Maori-Häuptlingen unterschrieben (später wurden noch mehrere hundert weitere Unterschriften hinzugefügt). Der Vertrag war allgemein gehalten und auf die damalige Lage zugeschnitten. Er ist heute in seiner Interpretation uneinheitlich, vor allem in Bezug auf das etwas nebulöse Konzept einer Maori-Souveränität. Im Vertrag akzeptierten die Maori die Autorität der britischen Krone. Als Gegenleistung garantierte ihnen Königin Viktoria die gleichen Rechte wie den Weißen, insbesondere auch den Landbesitz, der für die Maori – wie für andere Südseevölker – die Grundlage ihrer Identität und Würde bildet. Es sollte mit diesem Vertrag der Grundstein gelegt werden zu einer Nation, die weder Maori noch britisch sein sollte. Bekannt geworden ist der angebliche Ausspruch Hobsons: «He iwi kotahi tatou» («Nun sind wir ein Volk»), ein heute von Seiten radikaler Maori umstrittenes Konzept.

Der 6. Februar ist heute eine Art neuseeländischer Nationalfeiertag – Waitangi Day –, obwohl damit ja eigentlich nicht die Unabhängigkeit des Landes, sondern der Beginn der britischen Herrschaft gefeiert wird. Verschiedene Gruppen von Maori und Weißen weisen heute darauf hin, dass dieser Vertrag nie ratifiziert wurde, dass er unklar sei und dass die Maori trotzdem das meiste Land «verloren» hätten. Anderseits war das Problem der Hautfarbe 1840 wenigstens auf dem Papier als «lösbar» deklariert worden – und dies zwanzig Jahre vor dem amerikanischen Bürgerkrieg! Der Waitangi-Vertrag besitzt heute aber sowohl bei Befürwortern wie Kritikern wenigstens einen gewissen moralischen Stellenwert.

Im Jahr 1840 schätzte man die Einwohnerzahl Neuseelands auf 120 000 bis 200 000 Maori und 2000 bis 3000 Weiße. In den darauf folgenden Jahren kamen gegen 15 000 Siedler ins Land. Die Ideale Wakefields ließen sich allerdings in der neuen Kolonie nicht verwirklichen, doch die Siedler legten die Grundsteine zu den Städten Wellington, Wanganui, New Plymouth und Nelson und bereiteten auch die Gründung von Christchurch und Dunedin vor. Unter den vier größten Zentren des Landes – Auckland, Wellington, Christchurch und Dunedin – war lediglich Auckland keine Wakefield-Gründung.

Im Gegensatz zu Australien war Neuseeland nie eine Sträflingskolonie. Darauf weisen die Neuseeländer heute noch bei den üblichen Sticheleien zwischen den beiden Ländern mit

Stolz hin, auch wenn sie inzwischen die «kleineren» Vettern der Australier geworden sind.

Die Siedler entstammten in der Mehrzahl der unteren Mittelschicht Britanniens. Sie stellten relativ geringe Anforderungen und konnten ihren Lebensstandard durch die Auswanderung verbessern, weil sie von der neuseeländischen Regierung beim Landerwerb unterstützt wurden. Diese Pioniere waren «Do-it-yourself»-Leute, rauh und frei, mutig und wenn nötig auch großzügig. Sie waren einsatzfreudig und gewillt, der Natur mit Axt und Feuer zu Leibe zu rücken. Wenn einmal der Nachschub aus dem Mutterland ausblieb, wussten sie sich selbst zu helfen. Etwas von dieser Initiative lebt auch heute noch weiter in der viel gepriesenen «*Kiwi ingenuity*», der Erfindungs- und Improvisationsgabe vieler Neuseeländer.

Die draufgängerische Haltung sowie der unaufhörliche Zuzug weiterer Einwanderer und der damit verbundene Landhunger führten ab 1860 zu den «Maori-Landkriegen», wobei allerdings einige Stämme auf der Seite der Weißen kämpften. Die Kriege hörten nach etwa zehn Jahren auf, hinterließen aber bei vielen Maori bittere Gefühle. In diese Zeit fiel auch die Gründung der *Kingitanga*, der Maori-Königs-Bewegung, im Gebiet von Hamilton. Heute steht eine Königin an der Spitze der Maori jener Gegend, die sich jetzt *King Country* nennt.

Die Einwanderungswelle auf die Nordinsel wurde 1861 gebremst, als Gold auf der Südinsel entdeckt worden war. Nun wandte sich der Hauptstrom der Einwanderer dem Süden zu, wo verhältnismäßig wenige Maori lebten. In diesen Jahren entstanden die Grundlagen zu den weiträumigen, Wolle produzierenden Schaffarmen des «Hochlands» (*High Country*) auf der Südinsel. Dies war der erste erneuerbare Wirtschaftszweig. Robben- und Walfänger, Goldgräber und auch die Kauriholzfäller und späteren Kauriharzgräber holten aus dem Land heraus, was sie konnten; bald jedoch versiegten diese Quellen für immer. Allerdings erhielt das Land auf diese Weise kurzfristig die nötigen Devisen zur Finanzierung von Importen, welche zur Entwicklung nötig waren.

Zur Ausfuhr eignete sich damals von den landwirtschaftlichen Produkten nur die Wolle, da sie nicht verdarb. Dies änderte sich aber, als 1882 das erste Fleischkühlschiff, die «Dunedin», die Südinsel mit einer Ladung Gefrierfleisch verließ. Diese revolutionäre Neuerung machte es möglich, qualitativ hoch stehendes Fleisch zu niedrigen Preisen auf den britischen Markt zu bringen. Auch heute noch beträgt der Anteil von Wolle, Fleisch und Milchprodukten etwa 40 Prozent des gesamten neuseeländischen Ausfuhrvolumens. Es erstaunt deshalb nicht, dass man der «Dunedin» auf einem Hügel bei Oamaru ein Denkmal gesetzt hat.

1882–1973: Soziale Reformen und «Kommandowirtschaft»

Im Gefolge dieser Kühlrevolution entstanden nicht nur weitere Farmen, sondern auch die entsprechende Infrastruktur: kombinierte Schlacht- und Kühlhäuser (*freezing works*), Banken, Verwaltung und Kleingewerbe. Bereits damals setzte eine Verstädterung in kleinem Rahmen ein. Am Ende des 19. Jahrhunderts wurden die meisten Großfarmbetriebe in kleinere Einheiten umgewandelt, um einer breiten Bevölkerung den Erwerb von Farmen zu erlauben. Um 1900 zählte das Land bereits 700000 Weiße, aber nur noch etwa 45000 Maori.

Nachdem bis dahin die Mehrheit der Bevölkerung auf der Südinsel gelebt hatte, veränderte sich nun das Schwergewicht zugunsten der Nordinsel. Zur Hauptstoßrichtung der Einwanderung auf die Nordinsel kam seither auch eine beträchtliche interne Süd-Nord-Wanderbewegung hinzu. Über 70 Prozent der Neuseeländer wohnen heute auf der Nordinsel. Allein in der Region Auckland leben heute mehr Menschen als auf der gesamten Südinsel.

Im ausgehenden 19. Jahrhundert war eine gewisse Stabilität erreicht, und man konnte und musste sich nun vermehrt staats- und sozialpolitischen Fragen widmen: Die Reformen des ausgehenden 19. Jahrhunderts und der Dreißigerjahre dieses Jahrhunderts machten auch außerhalb von Neuseeland Geschichte.

Die Reformen Ende letzten Jahrhunderts umfassten unter anderem die Einführung des Frauenstimmrechts und der Alterspensionen sowie die Schaffung eines Schiedsgerichts bei Auseinandersetzungen zwischen Arbeitnehmern und Arbeitgebern. Damit fiel zeitlich auch der Anfang der Gewerkschaftsbewegung zusammen. Diese Reformen waren umso erstaunlicher, als Neuseeland ein ausgesprochener Agrarstaat war. Sie wurden für die damalige Zeit als so bahnbrechend angesehen, dass der amerikanische Historiker F. Parsons Neuseeland «den Geburtsort des 20. Jahrhunderts» nannte. Zur selben Zeit wurden den Maori vier permanente Sitze im Parlament zugesprochen.

Die Reformen der späten Dreißigerjahre unter Premier Savage waren vor allem sozialer Art und legten die Grundlagen zum Wohlfahrtsstaat. Das Pensionssystem wurde weiter ausgebaut, der Achtstundentag eingeführt und ein allen zugängliches Unterrichts- und Gesundheitswesen eingerichtet. Der Staat half bei der Kreditbeschaffung für Wohnhäuser und errichtete staatseigene Häuser für Minderbemittelte. Der Wohlfahrtsstaat wurde in den Fünfziger- und Sechzigerjahren weiter ausgebaut und der staatliche Gesundheitsdienst in den Siebzigerjahren durch eine allgemeine Unfallversicherung *(accident compensation)* ergänzt.

Diese weitreichenden Reformen folgten in beiden Fällen unmittelbar auf wirtschaftliche Rezessionszeiten, die Neuseeland wegen seiner starken Abhängigkeit von internationalen Preisschwankungen für landwirtschaftliche Produkte jeweils besonders hart trafen. Sie sind aber auch ein Resultat der Grundhaltung einer großen Zahl von Neuseeländern: Die Wirtschaft soll den sozialen Bedürfnissen der Bevölkerung untergeordnet sein und nicht umgekehrt und damit die Bildung eines «Proletariats» auf der einen und einer «reichen Klasse» auf der anderen Seite verhindert werden. Staatliche Unterstützung verschiedenster Art wird als Recht und nicht als Almosenempfang betrachtet.

Die Resultate dieser Einstellung zeigten sich bis 1984 fast im gesamten politischen, wirtschaftlichen und sozialen Leben des Landes, das ein sonderbares und oft unkomfortables Nebeneinander kapitalistischer und sozialistischer Prinzipien aufwies und auch von Neuseeländern nicht selten mehr oder weniger scherzhaft als «polnische Wirtschaft» (vor 1989!) oder als «Kommandowirtschaft» bezeichnet wurde.

Protektionismus und großzügige Subventionen

Staatliche Unterstützung der Exportindustrie und ein ausgeprägter Protektionismus gegenüber der einheimischen Wirtschaft garantierten Arbeitsplätze, erhielten aber auch unrentable Betriebe am Leben und führten oft zu einem teuren Endprodukt für den Inlandverbraucher. Einkommensunterschiede bei fixbesoldeten Arbeitern und Angestellten waren relativ gering, die Steuern im Verhältnis zu Einkommen und Kaufkraft hoch. Auch bewirkte dieses System nicht selten eine Situation, wo sich derjenige, der fleißig arbeitete und alle Abgaben zahlte, gegenüber demjenigen, der sich durch Unterstützungen aushalten ließ, als benachteiligt vorkam. Etwas weniger «egalitär» waren in diesem System die Vertreter freier Berufe wie etwa Ärzte, Juristen, Immobilienhändler und viele Farmer. Letztere wurden bis in die Achtzigerjahre hinein großzügig subventioniert.

Egalitär statt elitär = «komfortable Mittelmäßigkeit»

Eine positive Folge dieses egalitären Denkens, das heute zwar weniger ausgeprägt ist, aber immer noch die neuseeländische Lebenseinstellung beeinflusst, ist die Leichtigkeit, mit der man zu allen Bevölkerungsgruppen Beziehungen anknüpfen kann. Kleidung und Status bedeuten wenig.

Ein Dozent, der nebenbei auf dem Markt Knoblauch verkauft, verliert nichts von seiner Würde. Allerdings verleihen ihm auch seine akademischen Titel entsprechend wenig gesellschaftliches Ansehen. Der Selfmademan, der Durchschnittsbürger mit praktischer Veranlagung, wird dem Spezialisten oder Intellektuellen sehr oft vorgezogen. Dies hat dazu geführt, dass talentierte junge Neuseeländer oft ins Ausland ziehen und dort wichtige Stellen bekleiden. Kritiker bedauern die nachteiligen Folgen einer gleichmacherischen Einstellung, die – zusammen mit einem weitreichenden Wohlfahrtsstaat – zu einer «komfortablen Mittelmäßigkeit» geführt habe.

Auch eine gewisse fehlende Pfennigfuchserei und Kleinkariertheit am Arbeitsplatz kann ein langjähriger Beobachter feststellen. Im Gegensatz dazu stand und steht die ausgeprägte Initiative und auch freundschaftliche Hilfsbereitschaft im persönlichen und privaten Bereich.

Neuseelands Staatswesen und Verwaltung waren bis zum Beginn der Achtzigerjahre stark zentralistisch. Ein ausgedehnter Verwaltungsapparat mit seinen unzähligen Formularen sowie eine Tendenz zur Überreglementierung des öffentlichen wie auch des Berufslebens waren die Folge davon.

Das Prinzip des Wohlfahrtsstaates und die damit verbundenen hohen Staatsausgaben wurden jedoch von der breiten Masse der Bevölkerung wie auch von den beiden über Jahrzehnte hinweg maßgeblichen politischen Parteien *National* und *Labour* weitgehend akzeptiert. Obwohl stolz auf ihre Selfmademen und ihre Fähigkeit zum Improvisieren und grundsätzlich ländlich-konservativ wie ihre Vorfahren, rief die neuseeländische Forderungsgesellschaft recht schnell nach staatlicher Hilfe und Führung, wenn die Dinge nicht so liefen wie erwartet. Auch die *National Party*, die zwischen 1949 und 1984 mit nur zweimal drei Jahren Unterbrechung an der Regierung war, passte ihre Philosophie der «freien Marktwirtschaft» nicht selten dieser Realität an.

Am Ende der Sechzigerjahre war Neuseelands Wirtschaft noch immer weitgehend auf Großbritannien ausgerichtet, doch die Errungenschaften des damals zweieinhalb Millionen Einwohner zählenden Volkes waren beachtlich: Neuseeland gehörte in jenen Jahren – gemessen am Bruttosozialprodukt – zu den Ländern mit dem höchsten Lebensstandard.

Ab 1973: Strukturprobleme oder die langen Arme der EU

Der Beitritt Großbritanniens zur Europäischen Gemeinschaft im Jahr 1973 veränderte die Beziehungen zu Großbritannien zwar nicht schlagartig, bildete aber trotzdem eine Art Zäsur in der Geschichte des Landes. Nicht wenige Neuseeländer empfanden den Schritt des «Mutterlandes» – in dessen Schatten sich bis dahin gut und relativ problemlos leben ließ – als die Verstoßung eines treuen Verwandten und die ihnen auferlegte Mündigkeit als Bürde. Zwar hatte das Land schon vorher begonnen, neue Absatzmärkte zu suchen, doch war es von nun an gezwungen, dies zu tun. Diese Diversifikation geschah zunächst aber als Reaktion auf bereits eingetretene Verhältnisse und ohne ausreichende Berücksichtigung der Wünsche des Kunden. Hinzu kam eine lang anhaltende Rezession in den Siebzigerjahren und durch die Ölkrise eine Verteuerung des in der neuseeländischen Automobilgesellschaft lebensnotwendigen Benzins. Schwächere Preise für landwirtschaftliche Exporte, Importbeschränkungen vieler Handelspartner sowie stark verteuerte Einfuhren nach Neuseeland trafen das Land hart und führten, zusammen mit einer beträchtlichen Geldentwertung, zu Strukturproblemen, die denen der Länder der Dritten Welt ähnlich waren. Die Exporterlöse vermochten die Importe nicht mehr auszugleichen, und die Regierung musste verschiedentlich größere Summen auf dem internationalen Geldmarkt borgen, nicht nur um die neuen Energieprojekte zu finanzieren, sondern auch um den Lebensstandard der Bevölkerung einigermaßen zu halten. Während man früher scherzhaft behauptete, der Premierminister kenne jeden der wenigen Arbeitslosen persönlich beim Namen, nannten bei Umfragen zu Beginn der Achtzigerjahre die meisten Neuseeländer die damals etwa acht Prozent betragende Arbeitslosigkeit als ihre Hauptsorge. Unrast, eine moralische Krise und gelegentlich Verunsicherung machten sich unter der Bevölkerung vor allem der größten Städte bemerkbar.

Bereits seit dem Ende des Zweiten Weltkrieges hatte sich das Land vor allem wirtschaftlich und militärpolitisch den Ländern des Pazifischen Ozeans zugewandt. Obwohl der britischeuropäische Markt wegen seiner Stabilität immer noch für bedeutend gehalten wird, sind heute die Vereinigten Staaten, Australien und Japan sowie die Länder Südostasiens die wichtigsten Handelspartner. Landwirtschaftliche Produkte finden ihren Weg nun vermehrt in die Länder der ehemaligen UdSSR, nach China, in den Mittleren Osten und nach Mittel- und Südamerika. Während 1965 noch die Hälfte des Exports nach Großbritannien ging, beträgt diese Zahl jetzt weniger als zehn Prozent. Die Importe aus Großbritannien fielen in der gleichen Zeit von 36 auf sechs Prozent. Asien ist nun der wichtigste Handelspartner mit über 30 Prozent aller Importe und Exporte.

Da Neuseelands traditionelle landwirtschaftliche Produkte letztlich Luxusartikel sind, versuchte man nun auch den Obst- und Gemüseanbau, das Fischereiwesen, die Forstwirtschaft und vor allem den Tourismus auszubauen. Die Erschließung der einheimischen Energiequellen – Kohle, thermische Energie, Wasserkraft und Erdgas – sollte die Abhängigkeit von importiertem Öl mindern, das fast zur Hälfte für den Betrieb von Transportmitteln verwendet wird. Noch 1973 genügten sieben Prozent aller Einnahmen aus dem Exportgeschäft, um die Ölrechnung zu begleichen, zehn Jahre später waren bereits 25 Prozent erforderlich. In der an Erdgas reichen Provinz Taranaki beim Mount Egmont entstanden Betriebe zur Produktion von Methanol und synthetischem Benzin, die allerdings von der Entwicklung überrollt wurden, unrentabel blieben und später von der Regierung veräußert wurden.

Die Stahlindustrie verkauft entweder eisenhaltigen Sand nach Japan oder exportiert bereits verarbeitete Produkte. Kleinere Wirtschaftszweige wie die Teppichindustrie, der Bootsbau und nicht zuletzt die Herstellung vorzüglicher Eiscreme tragen dazu bei, die wirtschaftliche Basis zu erweitern. Nichtlandwirtschaftliche Produkte machten 1982 bereits etwa 30 Prozent aller Exporte aus. Trotzdem werden aber Fleisch, Wolle und Milchprodukte auch noch in der näheren Zukunft an vorderster Stelle der Ausfuhrstatistik stehen.

Von größter Bedeutung ist das 1982 mit Australien abgeschlossene Abkommen zu «engeren wirtschaftlichen Beziehungen» *(Closer Economic Relations – CER)*, das Neuseelands beschränkten Inlandmarkt um den 18 Millionen starken australischen Markt erweiterte und schließlich zu einer Art australisch-neuseeländischer Wirtschaftsgemeinschaft führen soll. Dazu kommt Neuseelands Ausrichtung auf die Inseln des Pazifiks in seiner Wirtschaftshilfe und die aktive Mitarbeit im 1971 gegründeten *South Pacific Forum*, einer losen Verbindung Australiens, Neuseelands und der unabhängigen Pazifischen Inseln.

Aber die Strukturkrise des Landes war immer noch nicht entscheidend angepackt worden. Premierminister Muldoon, der zwischen 1975 und 1984 amtierte, war zwar ein gewiegter politischer Taktiker, aber kein Staatsmann mit Blick auf die Zukunft des gesamten Landes. Er war ein Vertreter der Generation, die entscheidend von den Erlebnissen des Zweiten Weltkrieges geprägt war, und wollte vor allem seine Macht und die «guten alten Zeiten» erhalten. Aber die immer wichtigeren städtischen Zentren forderten Veränderungen und eine Öffnung nach außen.

Neuseelands Perestroika

Im Jahr 1984 kam die *Labour Party* unter David Lange an die Macht. Sie leitete unter Finanzminister Roger Douglas eine umfassende Umstrukturierung, eine Art neuseeländische Perestroika ein, die zunächst vor allem die Wirtschaft, dann aber auch das Gesundheits- und Sozialwesen weitgehend umgestalten sollte. Diese Reformen, die in der Umgangssprache den Namen *Rogernomics* (nach dem Vornamen des Finanzministers) bekamen, wurden von der *National Party*, die 1990 wieder die Regierung übernahm, weitergeführt, wobei vor allem auch der Arbeitsmarkt reformiert wurde. Es handelte sich im Wesentlichen um den Rückzug des Staates aus der Wirtschaft, um den Abbau von protektionistischen und dirigistischen Strukturen, um die drastische Kürzung von Subventionen, um die Privatisierung staatlicher Betriebe und Institutionen von den Eisenbahnen bis zum Gesundheitswesen, um die Deregulierung des öffentlichen Transport- und des Kommunikationswesens, um die restriktivere Handhabung der staatlichen Pensionen, um die Entmachtung der Gewerkschaften, um die Einführung einer Mehrwertsteuer (GST) bei gleichzeitiger Senkung der hohen direkten Steuern, um die Freigabe des Dollar-Wechselkurses und um die Stabilisierung der Inflationsrate bei etwa zwei Prozent – um nur einige der wichtigsten Veränderungen zu erwähnen. Dadurch wurde der frühere Wohlfahrtsstaat weitgehend abgebaut zugunsten eines *user-pays*-Systems (derjenige, der etwas braucht, soll dafür bezahlen, nicht der Staat), zugunsten privater Initiative und persönlicher Vorsorge.

Diese Veränderungen beeinflussten das Alltagsleben jedes einzelnen Neuseeländers und waren nichts weniger als eine leise Revolution. Sie führten zu einem größeren Unterschied zwischen Arm und Reich und zeitweise zu relativ hoher Arbeitslosigkeit, vor allem unter den Maori. Auch die Zunahme der Kriminalität, die stark gestiegene Zahl von Diebstählen und Einbrüchen wird teilweise auf diese Entwicklungen zurückgeführt. Man nimmt an, dass nun jeder sechste Neuseeländer an der Armutsgrenze lebt.

Dazu kam die politische Unrast der Maori, der aus den USA importierte, übersteigerte Trend zur politischen Korrektheit, die Veränderung von längst eingebürgerten Begriffen (so wurde etwa die staatliche Pension von der *National Superannuation* zu *Guaranteed Retirement Income* und später wieder zu *National Superannuation*). Auch die schon erwähnte Einführung des Proporzsystems bei Wahlen gehörte dazu, ebenso die Verhandlungen mit den Maori über die Rückgabe von ungerechtfertigt enteignetem Land. Gleichzeitig wurde die einseitige Abhängigkeit vom Export tierischer Produkte weiter reduziert. Neben Farmprodukten sind nun die Forstwirtschaft, die verarbeitende (Klein-)Industrie und der Tourismus die wichtigsten Devisenbringer.

Diese «turnaround economy», die im Ausland oft als Modell für den Abbau überzogener Wohlfahrtseinrichtungen und Sozialabgaben gepriesen wird, und die Mitte der Neunzigerjahre zu erneutem wirtschaftlichem Wachstum führte, hat Neuseeland auch in der weiteren Welt bekannt gemacht. Nicht wenige der hier dargestellten Reformen haben lediglich vorweggenommen, was anderen Wohlfahrtsstaaten erst noch bevorsteht.

Anderseits gibt es nun in der neuseeländischen Gesellschaft deutliche «Gewinner» und «Verlierer». Nicht wenige wünschen sich die «guten alten Zeiten» zurück; andere machen sich, oft ausgesprochen «aggressiv» (das Wort hat jetzt positive Bedeutung), die neuen Freiheiten zunutze und prosperieren schnell. In manchen Fällen wiederum war die Umstrukturierung eher kosmetisch als substantiell.

Außenpolitisch erfolgte eine weitere Verselbstständigung und Ausrichtung auf Asien und den Pazifik, teilweise verstärkt durch die «Enttäuschung über Europa»: Großbritanniens Beitritt zur Europäischen Union und damit seine Abkehr auch von Neuseeland, die französischen Atomtests auf Mururoa – «nachdem man doch im Zweiten Weltkrieg auch für Frankreich gekämpft habe» – und der Krieg im ehemaligen

Grabdenkmal eines Maori (19. Jh.)

Jugoslawien, der zeige, dass die Europäer auch nicht unbedingt alle Probleme so glanzvoll lösen könnten, wie man das immer angenommen habe. Das alles hat auch bewirkt, dass der Minderwertigkeitskomplex gegenüber Europa abgebaut wurde und die Neuseeländer mehr Selbstvertrauen gewonnen haben.

Bis in die jüngste Zeit galt die Devise: «Wohin Britannien geht, dahin gehen auch wir.» Obwohl in Neuseeland selbst seit den Maori-Landkriegen keine Gefechte mehr stattfanden, nahm das Land sowohl am Ersten wie auch am Zweiten Weltkrieg an der Seite Großbritanniens (und der Alliierten) teil. Neuseelands Einsatz im Zweiten Weltkrieg auf dem europäischen, dem nordafrikanischen und dem pazifischen Kriegsschauplatz war mit der Mobilisierung von über 60 Prozent der 15 bis 45 Jahre alten männlichen Bevölkerung und mit 12000 Gefallenen enorm, ist aber der Außenwelt bis heute kaum bekannt. Im Land selber erinnern die vielen Kriegsgedenktafeln umso deutlicher an die Verluste in den beiden Weltkriegen. Auch im Falklandkonflikt stellte sich Neuseeland nochmals stärker als sämtliche übrigen Commonwealth-Länder an die Seite des früheren Mutterlandes. Seither haben sich die Bande mit Großbritannien, denen die junge Generation ohnehin immer gleichgültiger gegenübersteht, weiter gelöst.

Asiaten verändern Straßenbild

Neuseeland ist in den vergangenen Jahren aber auch bunter und lebendiger geworden. Man findet nun überall Straßencafés, das Kulturangebot ist größer und vielfältiger, und durch die Senkung der Importtarife kommt mehr ausländische Ware ins Land. Die vielen Einwanderer aus asiatischen Ländern verändern vor allem in den größeren Städten das Straßenbild und bieten der Bevölkerung auch eine Vielfalt an neuen kulinarischen Genüssen. Bei Auslandsreisen kann man nun Geld ein- und ausführen, ohne komplizierte Formulare ausfüllen zu müssen. Die Konkurrenz erlaubt eine größere Auswahl, unter anderem auch unter mehreren Telefongesellschaften. Auch der Touristenstrom hat das Land beeinflusst. Selbst auf einsamen Wanderpfaden kann man ausländische Sprachen hören, und Ausländer verbringen ihren «Englisch-Sprachaufenthalt» nun oft in Neuseeland. Und nicht zuletzt haben die elektronischen Medien das Land mit der übrigen Welt verbunden. Ging man früher einmal im Leben auf die große Reise hinaus in die Welt – OE = *overseas experience* genannt –, so kann man dies jetzt öfters tun, und zwar zu erschwinglichen Preisen.

Vergleicht man das jetzige Neuseeland mit demjenigen vor 25 Jahren, so kann man ohne Übertreibung sagen, dass es sich «um ein anderes Land handelt», so einschneidend waren die Veränderungen. Diese zeigen sich nicht nur im Großen, sondern vor allem auch in den kleinen Dingen des Alltagslebens. So sind etwa dort, wo früher das britische Element vorherrschte oder bevorzugt wurde, neue Verhältnisse eingetreten: etwa die Umstellung auf das Dezimalsystem, die Abschaffung der Hymne «*God save the Queen*», die früher zu Beginn jeder Kinovorstellung gespielt wurde, die Gleichsetzung britischer Staatsbürger mit allen anderen Ausländern in Fragen der Einwanderung.

Neuseeland befindet sich heute mitten in einer Phase der wirtschaftlichen, sozialen und kulturellen Umgestaltung und der Herausbildung einer neuen, noch undefinierten Eigenständigkeit mit all ihren Labilitäten, Erfolgen und Rückschlägen sowohl im Allgemeinwesen wie auch im Leben des Einzelnen.

Ein europäisch-pazifisch-asiatisches Völkergemisch

Die Neuseeländer bezeichnen sich heute gerne als multikulturelle Gesellschaft. Allerdings ist sie dies erst in jüngster Zeit, und zwar in dem Sinne multikulturell, als es sich (1991) um einen soliden Bevölkerungskern anglokeltischer Abstammung handelt (etwa 70 Prozent), zu dem andere Europäer (etwa 5–7 Prozent), Maori (etwa 13 Prozent), Südseeinsulaner (etwa 4 Prozent), Asiaten (etwa 3 Prozent) und verschiedene Kombinationen hinzukommen. Zudem konzentriert sich die multikulturelle Gesellschaft vorwiegend auf die größeren Städte der Nordinsel, insbesondere Auckland und Wellington, während die Südinsel noch immer sehr stark vom britischen Element geprägt ist. Zudem wohnen über 80 Prozent der Maori auf der Nordinsel. Am augenfälligsten ist die Zunahme des asiatischen Elements seit den späten Achtzigerjahren, vor allem von Chinesen, Koreanern, Vietnamesen und Indern. Dies erkennt man besonders in der Zusammensetzung der Schüler- und Studentenschaft, denn diese Einwanderergruppen legen großen Wert auf eine gute Ausbildung. In den Lokalzeitungen werden jeweils die *duxes*, die Klassenbesten des Jahres, mit Bild und Namen publiziert. Diese besagen mehr als alle Statistiken: anglokeltische Gesichter und Namen sind dort nur noch ein Teil einer bunten ethnischen Palette. Auch wer an einem schönen Sommerwochenende an einen größeren Strand in Auckland fährt, wird die ethnische Vielfalt sofort feststellen.

Obwohl von geringer Zahl, nehmen die in Neuseeland geborenen Nachkommen nichtbritischer *Pakeha* sowie Inder, Chinesen und andere Asiaten eine nicht unbedeutende Stellung besonders in Gewerbe und Industrie ein. Am schwersten mit der Integration tut sich die erste Einwanderergeneration nichtbritischer Gruppen. Ihnen sind vor allem höhere Stellen beim Staat kaum zugänglich. Sie sind zunächst meist Arbeiter oder Angestellte, und viele versuchen, möglichst schnell selbständig zu werden. Die in Neuseeland geborenen Nachkommen dieser Einwanderer sind aber in ihrer Sprache und Lebensart meist bereits «echte» Neuseeländer.

Pakeha — die weiße Bevölkerung Neuseelands

Als die ersten weißen Siedler nach Neuseeland kamen, gab es dort lediglich die *Tangata Whenua*, die «Leute des Landes», als die sich die Maori auch heute noch bezeichnen. Für sie war jedoch die Zugehörigkeit zu einem Stamm das wichtigste gesellschaftsbestimmende Element, und sie besaßen kein spezielles Wort zur Bezeichnung ihrer Gesamtbevölkerung. Zunächst wurden sie von den Weißen deshalb einfach *New Zealanders* genannt. Die Bezeichnung *Maori*, «Einheimischer», für die ursprüngliche Bevölkerung kristallisierte sich erst zu Beginn des 19. Jahrhunderts heraus, als auch das Wort *Pakeha*, «Weißer» (Betonung auf der gedehnten ersten Silbe), aufkam. Die Liste der Bedeutungen von *Pakeha* reicht angeblich von «Göttern des Meeres», «Fremden» über «gemeine Laus» bis zu «Schwein». Doch an diese ohnehin umstrittenen Auslegungen denkt man heute kaum mehr. Das Wort *Pakeha* ist ein Standardwort der neuseeländischen Sprache und bezeichnet alle Neuseeländer weißer Hautfarbe.

Drei von vier Neuseeländern sind Pakeha, deren überwiegender Teil englischer, schottischer und irischer Abstammung ist. In vielen Pakeha fließt allerdings jetzt auch anderes Blut; etwa fünf bis sieben Prozent sind nichtbritischer Herkunft. Die Franzosen waren bereits 1838, zwei Jahre vor der Unterzeichnung des Vertrags von Waitangi, auf der Banks

Peninsula bei Akaroa gelandet, gaben ihr Vorhaben, dort eine Kolonie zu gründen, aber schon nach wenigen Jahren auf. In der zweiten Hälfte des 19. Jahrhunderts wurden im Zusammenhang mit einer intensiven Einwanderungspolitik einige nichtbritische Siedler ins Land gebracht. Gruppen von Deutschen ließen sich in der Gegend von Nelson und anderen Regionen der Südinsel und des südlichen Teils der Nordinsel nieder.

Die ersten Einwanderer aus den Ländern des Deutschen Bundes kamen an Bord der «St. Pauli» am 14. Juni 1843 nach Neuseeland, wo sie in der Gegend von Nelson im Norden der Südinsel an Land gingen. Ortsnamen wie Schachtstal (jetzt Upper Moutere) zeugen von diesen Siedlern. Später ließen sich deutsche Siedler auch in anderen Gegenden der Südinsel und auf der Nordinsel nieder. Einwanderer aus dem Deutschen Bund bildeten im 19. Jahrhundert mit etwa 5000 Einwanderern eine der drei größten Gruppen nichtbritisch-irischer Einwanderer (Chinesen und Skandinavier bildeten die beiden anderen Gruppen). Diese Deutschen, wie auch die Schweizer, die sich vorwiegend in der Provinz Taranaki niederließen, integrierten sich schnell in die neuseeländische Gesellschaft und leisteten einen im Vergleich zu ihrer Zahl überproportionalen und heute oft wenig bekannten Beitrag zur Entwicklung des Landes. Sie waren – und sind immer noch – gerne gesehene Einwanderer. So schrieb etwa am 26. Januar 1872 die *Lyttleton Times*:

«*Die Bevölkerung von Norddeutschland ist sehr intelligent und gut ausgebildet. Einwanderer aus jener Gegend werden sich den Gebräuchen und Einrichtungen dieser Kolonie zweifelsohne schnell anpassen.*»

Skandinavier zogen vorwiegend in die Gegend von Hawke's Bay, und Ortsnamen wie Dannevirke und Norsewood erinnern noch heute an diese Siedler; deutschsprachige Böhmen kamen nach Puhoi nördlich von Auckland. Diese Einwanderer sind heute von der übrigen Bevölkerung kaum noch zu unterscheiden. Das von James N. Bade (Universität Auckland) herausgegebenes Buch «*The German Connection. New Zealand and German-speaking Europe in the Nineteenth Century*» (Oxford University Press, 1993) enthält interessante Aufsätze zum Beitrag von Einwanderern aus dem deutschen Sprachgebiet an die neuseeländische Wissenschaft und Kultur und zur deutschen Einwanderung überhaupt.

Die größte Gruppe kontinentaleuropäischer Einwanderer unter der Pakeha-Bevölkerung stellen heute die Holländer dar, die besonders seit 1950 in beträchtlicher Zahl nach Neuseeland kamen. Dann folgen zahlenmäßig die Einwanderer aus Kroatien, die jedoch, im Gegensatz zu den Holländern, auf eine über hundertjährige Geschichte der Kettenemigration von und nach Neuseeland blicken können und vor 1918 von den Neuseeländern *Austrians* genannt wurden, da ihre Heimat damals zu Österreich-Ungarn gehörte. Sie stammen vor allem aus Mittel- und Süddalmatien und waren in den ersten Jahren ihrer Einwanderung in Neuseeland meist Kauriharzgräber. Heute bilden sie ein wichtiges Element in der Fischereiindustrie und dominieren den Weinbau besonders in West-Auckland, sind aber auch in den meisten übrigen Berufen zu finden. In jüngster Zeit kommen wiederum vermehrt Einwanderer aus allen Regionen des früheren Jugoslawien und auch aus anderen Gegenden Zentral- und Osteuropas.

Obwohl zahlenmäßig gering, weist auch die Einwanderung aus der Schweiz eine lange Tradition auf. Die ersten Schweizer

Kunst der Maori: Holzschnitzerei

kamen in der Mitte des 19. Jahrhunderts; unter ihnen fanden sich auch Goldgräber und Alpinisten. Die ersten Siedler waren Walser aus dem Kanton Graubünden. Heute findet man Schweizer und ihre Nachkommen vor allem als Farmer auf der Nordinsel. Sie sind aber auch in einer Vielzahl anderer Berufe im ganzen Land tätig.

Neuseeländer asiatischer Herkunft

Zu dieser Gruppe der Bevölkerung gehören zunächst die Chinesen (40 000) und die Inder (30 000). Je ein Drittel dieser Gruppen sind Nachkommen von Einwanderern, die teilweise schon vor über 100 Jahren ins Land kamen und jetzt vorwiegend im Gemüse- und Obstanbau sowie in der Lebensmittelbranche tätig sind.

In jüngster Zeit hat ihre Zahl durch Einwanderer aus China, Taiwan und, im Falle der Inder, von den Fidschi-Inseln, stark zugenommen.

Einwanderer aus dem pazifischen Raum

Islanders nennt man sie meist, die melanesischen und besonders polynesischen Einwanderer von verschiedenen Inseln des Pazifik und ihre in Neuseeland geborenen Nachkommen. Die polynesischen *Islanders* sind die Verwandten der Maori und manchmal von ihnen äußerlich nur schwer zu unterscheiden. Besonders zahlreich sind die polynesischen *Islanders* von Niue, Tokelau, Samoa und den Cook-Inseln. Seit 1960 ist die Zahl der *Islanders* auf etwa 150 000 angestiegen. Sie wurden zunächst als Gastarbeiter ins Land gerufen, aber auch Übervölkerungsprobleme auf mehreren Südseeinseln sowie das Streben vor allem jüngerer Polynesier nach einem moderneren Leben hat sie nach Neuseeland geführt.

Im Jahr 1991 war einer von sechs Neuseeländern außerhalb des Landes geboren worden, fast die Hälfte davon auf den Britischen Inseln. Wie in anderen typischen Einwandererländern überwog ursprünglich die Zahl der Männer, heute jedoch machen die Frauen mit 51 Prozent die Mehrheit der Bevölkerung aus. Die Alterspyramide zeigt unter der weißen Bevölkerung eine zunehmende Veralterung. Die älteste Bevölkerungsgruppe sind die Ungarn, von denen mehr als die Hälfte über 50 Jahre alt waren. Im Gegensatz dazu waren nur fünf Prozent der Maori über 60, dafür aber 37 Prozent von ihnen unter 15 Jahre alt.

Die Einwanderung und ihre Folgen

Einwanderung ist immer ein Teil der Landespolitik gewesen und kann entsprechend gesteuert werden. Im Gegensatz zu Australien ist die Einwanderung nach Neuseeland seit dem Zweiten Weltkrieg bis in die Siebzigerjahre relativ gering und auf Einwanderer aus Britannien konzentriert gewesen. Dadurch wurden einerseits Anpassungsschwierigkeiten und eine Gettobildung verhindert, anderseits dem Land aber auch nicht die menschliche Vielfalt und die damit verbundenen neuen Impulse zugeführt. Australiens Bevölkerung besteht heute zu etwa einem Viertel aus Einwanderern und deren Nachkommen aus nichtbritischen Ländern, vor allem aus Kontinentaleuropa und Asien. Neuseeland ist im Vergleich dazu

Textfortsetzung Seite 89

Tongariro-Nationalpark: Blick von Whakapapa aus zum Vulkan Ngauruhoe, der auch heute noch aktiv ist

Der höchste und größte Berg der Nordinsel ist der meist schneebedeckte Mount Ruapehu (2796 Meter) mit seinem warmen Kratersee

unten: Das Hotel «Grand Chateau Tongariro» am Hang des Mount Ruapehu musste nach dessen Ausbruch im August 1995 frisch gestrichen werden. Allerdings machte ein erneuter glutheißer Ascheregen im Juni 1996 diese Arbeit schnell wieder zunichte

Ausblick vom Mount Ruapehu zum nördlich gelegenen Vulkan Ngauruhoe, der letztmals im Jahr 1974 ausbrach

nächste Doppelseite: Tongariro-Nationalpark: Blick über den Strom Whakapapanui zum Mount Ruapehu. Sofern der Vulkan sich ruhig verhält, ein exzellentes Skigebiet im Winter, d.h. im europäischen Sommer

Blick aus der «Cessna» in den Schlund des Vulkans Mount Ngauruhoe

unten: Faszinierende Eindrücke, hier von den Emerald Lakes, hat man beim Flug über die Vulkane oder auch beim beschwerlicheren «Tongariro Crossing» zu Fuß

Spektakel aus Eis und Dampf: Kreisen über dem Kratersee des Mount Ruapehu, dessen Temperatur sich stetig ändert. Letzter Ausbruch im Juni 1996

nächste Doppelseite: Gar zu friedlich spiegelt sich die Silhouette des Mount Ngauruhoe während der Morgendämmerung, denn der Schein trügt: Jederzeit könnte der Vulkan aus seinem Schlaf erwachen ...

Am Mount Taranaki: Ein Vulkankegel wie aus dem Lehrbuch. Sein Gipfel ragt 2518 Meter hoch hinauf und hat verblüffende Ähnlichkeit mit dem Fujiyama in Japan

Blick von East Egmont auf einen Nebengipfel des Mount Taranaki

unten: Auf ca. 900 Meter Meereshöhe sind sogenannte «Mountain Houses» errichtet, wo man übernachten kann. Die Gipfeltour von dort dauert noch etwa 10 Stunden mitsamt Abstieg

Das um den Mount Taranaki liegende Farmland musste in knochenharter Pionierarbeit dem widerspenstigen Urwald abgewonnen werden. Es dauerte Generationen, bis die Wildnis am wind- und wettergepeitschten Fuß des Berges saftigem Weideland gewichen war

unten: Ausblick über die Hügel- und Weidelandschaft des Tahora Saddle. Hier befindet sich ziemlich genau die Mitte zwischen Mount Egmont und Mount Ruapehu, beide 70 Kilometer entfernt

Der Regenwald im Waitangi Forest ist von mächtigen Baumfarnen geprägt

nächste Doppelseite: Abendstimmung am Waikato River, mit 425 Kilometern der längste Fluss Neuseelands

Die Maori fürchteten und verehrten die rauchenden Berggipfel, die für sie «tapu» – ein Wort, das sich vom Polynesischen auch in die europäischen Sprachen ausbreitete – waren. Der Vulkan Ngauruhoe wurde zum Inhalt so mancher Legende

ein «angelsächsisches Land» geblieben. Allerdings ist das indigene Element (die Maori) und die übrige nichtanglokeltische Bevölkerung mit total 20–30 Prozent sehr viel stärker vertreten. Man rechnet damit, dass im frühen 21. Jahrhundert 20–40 Prozent der neuseeländischen Bevölkerung polynesische oder andere nicht anglokeltische Verwandtschaftsbeziehungen haben werden. In Australien hingegen tritt das kontinentaleuropäische und asiatische Element immer stärker zutage, während die ursprünglichen Einwohner, die *Aborigines*, nur etwa ein Prozent der Bevölkerung ausmachen. Hinzu kommt – wegen Australiens starker wirtschaftlicher Stellung – ein wachsendes politisches Gewicht im südostasiatischen Raum. Im Gegensatz dazu könnte man Neuseeland vorsichtig als europäisch-polynesisches Land (mit asiatischer Minderheit) bezeichnen. Die Folgen dieser unterschiedlichen Bevölkerungskomposition und -entwicklung werden die Zukunft der beiden Länder maßgeblich prägen.

Die neuseeländischen Pakeha werden oft als «britischer als die Briten» bezeichnet, wobei die Vorstellung von einem «besseren Britannien» mitspielt. Die Unterschiede zu Großbritannien zeigen sich aber vor allem im Lebensstil, in den freistehenden, von Gärten umgebenen Einzelhäusern in der Vorstadt, die mit Los Angeles mehr gemeinsam haben als mit London, und dem freien und weniger formellen Leben in einer «südlichen» Natur. Hinzu kommt das Fehlen einer einflussreichen Oberschicht sowie die Art der Urbarmachung des kolonisierten Landes. Die Lebensweise der Neuseeländer gleicht heute eher jener anderer früherer Kolonialvölker der Neuen Welt wie etwa der Kanadier und Australier. Auch ist der amerikanische Einfluss auf die Lebensweise der Neuseeländer – auch jener, die politisch «antiamerikanisch» sind – stark und unverkennbar. Die weißen Neuseeländer, die Pakeha – vor allem die ältere Generation –, sind aber «britischer» geblieben als die Bewohner anderer ehemaliger britischer Kolonialgebiete.

Die Maori-Bevölkerung

Die Maori waren die ersten Einwanderer und können auf eine etwa tausendjährige Geschichte in Neuseeland zurückblicken. Sie bezeichnen sich denn auch, wie wir schon gesehen haben, als «Leute der Scholle, des Landes», als *Tangata Whenua*. Als die ersten Weißen sich in Neuseeland niederließen, betrug ihre Zahl etwa 120 000 bis 200 000. Um die Jahrhundertwende sah es jedoch bereits so aus, als ob die Maori aussterben würden. Ihre Zahl betrug nur noch etwa 45 000. Heute machen sie mit etwa 430 000 wieder etwa 13 Prozent der Bevölkerung aus, eine Minderheit im Land, allerdings die zahlenmäßig stärkste.

Den Maori kommt als den ursprünglichen Einwohnern und Trägern einer eigentlichen neuseeländischen Kultur eine besondere Stellung zu. Für die nähere Zukunft von Bedeutung ist die Tatsache, dass die Hälfte der Maori heute unter 20 Jahre alt ist; bei den Pakeha beträgt der Anteil der Jugendlichen weniger als ein Drittel. 70 Prozent der Maori wohnen im Norden der Nordinsel. Gebiete mit höchster Maori-Konzentration befinden sich am East Cape nordöstlich von Gisborne, im *King Country* südlich von Hamilton und in der Gegend des Hokianga Harbour in Northland. Die Landflucht ist jedoch unter den Maori besonders ausgeprägt, und heute lebt die Mehrheit von ihnen in und um die Städte Auckland und Wellington. Diese Entwurzelung hat zu sozialen Problemen geführt.

Nur noch wenige Maori können mit Sicherheit sagen, dass sie reinrassig sind. Die meisten von ihnen haben in ihrem Stammbaum weiße Verwandte verschiedenster Herkunft. In der Statistik erscheint als Maori, wer sich selbst als der Maori-Rasse zugehörig erklärt. Die Hautfarbe der Maori variiert denn auch – oft in derselben Familie – von dunkelbraun bis weiß. Am ehesten verraten die Gesichtszüge maorische Herkunft. In ihrer Mentalität stehen die Maori den Kontinentaleuropäern wohl etwas näher als den Angelsachsen.

Subtiles Verhältnis Maori – Pakeha

Das Alltagsleben der Maori in der Stadt unterscheidet sich heute äußerlich nur wenig von demjenigen der Pakeha in gleichen Einkommensgruppen. Subtile Unterschiede bestehen aber in der privaten Sphäre und dort, wo der Maori als Glied seiner weiteren Sippe handelt. In der weniger anonymen Atmosphäre außerhalb der großen Städte sind Sitten und Gebräuche noch besser intakt. Obwohl die Pakeha gern von Bi- und Multikulturalismus sprechen, sind es gerade die Maori – und andere Minderheitengruppen –, die sich auf mehreren kulturellen Ebenen bewegen müssen.
Nach dem Vertrag von Waitangi im Jahr 1840 waren die Beziehungen zwischen den beiden Rassen zunächst schlecht, denn jede legte den Vertrag anders aus. Das meiste Land ging durch Verkauf, aber auch durch weniger lautere Methoden an die Pakeha über. Oft entmutigt, verharrten die Maori in abgelegenen ländlichen Gebieten. Es fehlte ihnen eine einheitliche Stimme, da die verschiedenen Stämme ihre eigenen Wege gingen. Eine Minderheit passte sich der Pakeha-Gesellschaft an.

Vom Land aus setzte dann am Ende des 19. Jahrhunderts eine Renaissance ein. An ihr hatten nicht wenige Maori-Persönlichkeiten – Frauen und Männer – einen bedeutenden Anteil. Unter ihnen findet man Namen wie Peter Buck, Whina Cooper, Apirana Ngata, Maui Pomare und Te Puea Herangi. Eigene Wege in dieser Renaissance ging die populistische Bewegung, die der «Prophet» T. W. Ratana im Jahr 1918 gegründet hatte. Zunächst eine ausschließlich religiöse Gruppierung, die christliche mit traditionellen Maori-Werten verband, sprach sie besonders diejenigen unter den jüngeren Maori an, die nicht mehr fest in einem Stammessystem verwurzelt waren. Ratana-Kirchen erkennt man an ihren Zwillingstürmen mit Halbmond und Stern. Die Bewegung nahm später auch politischen Charakter an und ging in den Dreißigerjahren eine lose Verbindung mit der Labour-Partei ein. Bis in die jüngste Zeit gehörten denn auch die Abgeordneten für die vier den Maori reservierten Parlamentssitze fast ausschließlich der Ratana-Bewegung an.

Die Bevölkerungszunahme bei den Maori führte aber auch zur Abwanderung in die Städte, wo die beiden Rassen wie nie zuvor räumlich zusammengebracht wurden und nun die vielgepriesenen «guten Rassenbeziehungen» praktizieren mussten. Man trifft sich am Arbeitsplatz, in der Schule, im Pub und besonders bei Spiel und Sport. Die Landflucht hat jedoch viele Maori entwurzelt. Zu den Problemen des Zusammenlebens mit den Pakeha kommt der Generationenkonflikt bei den Maori selbst hinzu. Die Rezession der Siebziger- und Achtzigerjahre sowie die Härten der wirtschaftlichen Umstrukturierung des Landes in den Achtziger- und Neunzigerjahren traf und trifft vor allem die Maori: Die Hälfte der 15- bis 19-Jährigen ist arbeitslos und beschwört die Gefahr eines «farbigen Proletariats» herauf. Maori kommen öfter mit dem Gesetz in Konflikt, sind in den Gefängnissen überproportional vertreten und oft weniger gesund als die übrige Bevölkerung. Manche bilden Banden, zu denen allerdings meist auch Pakeha gehören.

Die Pakeha-Gesellschaft, die sich gerne als im positiven Sinn «aggressiv» bezeichnet, ist ein Teil der westlichen, britischen Zivilisation und besitzt Wertvorstellungen, die ursprünglich stark von viktorianischem Denken geprägt waren. Im Gegensatz dazu stehen Maori-Gewohnheiten wie etwa diejenigen der Großfamilie, der Wechselseitigkeit und der geringen Einschätzung materieller Güter und des damit verbundenen Status sowie die Fähigkeit, den Tod als natürlichen Teil des Lebenslaufs zu betrachten. Missverständnisse und daraus resultierende Beleidigungen beruhen nicht nur auf sturer Einstellung oder auf dem Unterschied in der Hautfarbe. Sie stellen einen Kulturkonflikt dar, der sich vor allem auf den wirtschaftlichen und sozialen Bereich auswirkt. Ein Außenstehender kann aber unschwer erkennen, dass sich die alltägliche Lebensweise der städtischen Maori und Pakeha sehr ähnlich ist. Ein Maori und ein Pakeha gleicher politischer Gesinnung haben mehr gemeinsam als zwei rassengleiche Vertreter mit verschiedener politischer Einstellung.

Neuseeland kann trotz offensichtlicher Probleme auf ein zwar nicht gerade harmonisches, aber doch leidlich funktionierendes Miteinander oder mindestens Nebeneinander der beiden Rassen hinweisen, das einem Vergleich mit Ländern ähnlicher Geschichte durchaus standhält: Den Maori geht es besser als anderen «Urvölkern», etwa den *Aborigines* in Australien oder den Indianern in Amerika. Es gibt keine gesetzlich verankerte Rassentrennung. Mischehen sind häufig. Die Maori leben nicht in Reservaten, ihre Präsenz im neuseeländischen Alltag ist nicht zu übersehen. Sie sind im Parlament und oft auch in der Regierung vertreten. Ein spezielles Gremium, das *Waitangi Tribunal*, befasst sich mit Forderungen nach Rückgabe von Land und Immobilien. Der Staat gewährt den Maori seine Unterstützung, die allerdings von vielen Pakeha als zu großzügig angesehen wird. Eine große Zahl von Pakeha lernt in Schulen und Kursen die Maori-Sprache und -Kultur.

Zunehmend wird jedoch darauf hingewiesen, dass es mit den Rassenbeziehungen im Zeichen der Verstädterung nicht zum Besten stehe. Die Maori treten selbstbewusster, aber auch intoleranter gegenüber den Pakeha auf, Demonstrationen und Protestmärsche sowie Gelände- und Gebäudebesetzungen sind häufiger geworden. Auch wollen sich die Maori nicht einfach mit einer finanziellen Pauschalabfindung für vergangene Landenteignungen begnügen. Aber sowohl im Lager der Gemäßigten wie der Radikalen befinden sich Angehörige beider Rassen, sodass eine ständige Kontaktnahme über die Rassengrenzen hinweg gewährleistet ist. Dabei geht es den meisten im Wesentlichen darum, die Beziehungen auf eine «echtere, ehrlichere» Basis zu stellen.

Ein Hindernis bei der Lösung dieser Probleme ist die Tendenz vieler Neuseeländer, über unangenehme Dinge nicht zu sprechen, sondern zu hoffen, diese würden schon von selbst verschwinden.

Kunst der Maori: Holzschnitzerei

Kulturleben und Kulturschaffen oder Ende eines Minderwertigkeitskomplexes

Pionierländern wie Neuseeland haftet oft das Klischee an, für Kultur wenig Interesse zu zeigen und in der Kunst nur «koloniale» Schöpfungen hervorzubringen. Die Neuseeländer haben mit ihrem kulturellen Minderwertigkeitskomplex noch bis in die jüngste Vergangenheit dieses Vorurteil genährt und sich selbst und andere an europäischen Vorbildern gemessen. Der Dichter Charles Brasch meinte 1954 in der Zeitschrift *Landfall:* «Man kann sagen, dass eine Gesellschaft dann reif geworden ist, wenn sie beginnt, auf dem Boden eigener imaginativer Kraft zu leben.» Dieser Forderung ist Neuseelands Kulturleben in den vergangenen 30 Jahren bereits recht nahe gekommen. Die Herausbildung neuseeländischer Eigenständigkeit ist heute in der Literatur und Kunst sowie im Filmschaffen sichtbarer und weiter fortgeschritten als etwa auf staatlicher und institutioneller Ebene. Ein vorzüglicher, kurzer Überblick über die neuseeländische Kultur (inklusive Architektur, Sport, Wein und Speisen) gibt Naomi O'Connors Schrift «*A Brief Guide to New Zealand Art & Culture*» (Wellington, 1995).

Mit namhaften Einzelleistungen einhergegangen ist auch die aktive Teilnahme weiter Bevölkerungskreise am Kulturleben: Lesen steht auf der Liste der beliebtesten Freizeitbeschäftigungen vor Rugby, und jährlich werden angeblich mehr Konzertkarten als Eintrittsbillette zu Fußballspielen verkauft. Die Vielzahl der Bücher, die man in Privathäusern oft sieht, die rege Benützung der vielen lokalen Bibliotheken (etwa 100 000 Bücher werden pro Tag im Land ausgeliehen) und die Zahl derjenigen, die etwa in einem Orchester mitspielen, ist für eine Bevölkerung von nur etwa dreieinhalb Millionen Menschen erstaunlich hoch, besonders im Hinblick auf die Konkurrenz durch den Sport und die hohe Wertschätzung «nützlicher» Tätigkeiten. Man fühlt sich in Neuseeland dem Kulturgeschehen oft näher als in Europa und zögert auch nicht, selber mitzumachen. Es ist nicht schwer, Schriftsteller und andere Kulturschaffende persönlich kennen zu lernen. Neben der Schönen Literatur finden sich immer auch Sachbücher – vor allem über das Land, sowie Koch- und Sportbücher – in den Bestsellerlisten.

Literatur und Geschichtsschreibung

Neuseelands bekannteste Pakeha-Schriftstellerin des frühen 20. Jahrhunderts war Katherine Mansfield (1888–1923), die allerdings meist im Ausland wirkte. Seit den Dreißigerjahren entwickelten sich eine eigenständige neuseeländische Dichtkunst mit Denis Glover, Alan Cornow, Bruce Mason und Arthur Fairburn sowie einheimische literarische Zeitschriften, von denen *Landfall* die bekannteste ist. Obwohl in kleinen Auflagen veröffentlicht, hat die Poesie immer einen bedeutenden Platz im literarischen Schaffen eingenommen. Im Schulunterricht öfter behandelt und auch der breiten Öffentlichkeit besser bekannt ist jedoch die Prosaliteratur, vor allem die neuseeländische Kurzgeschichte. Frank Sargeson (1903–1982) wird als Vater der neuseelandorientierten Literatur betrachtet. In seiner Erzählung «*The Making of a New Zealander*» wird die gespaltene Persönlichkeit, die sich oft bei der Einwanderergeneration zeigt, besonders treffend dargestellt:

«*... Nick und ich saßen auf einem Hügel, und Nick erklärte, er sei ein Neuseeländer, aber eigentlich wusste er, dass er kein Neuseeländer war. Und er wusste auch, dass er eigentlich kein Dalmatiner mehr war ...*»

Zu den bekanntesten Namen der zeitgenössischen neuseeländischen Prosaliteratur gehören unter anderen (in Klammern jeweils ein repräsentatives Werk): Janet Frame (*«An Angel at my Table»*), Karl Stead (*«Smith's Dream»*), Maurice Shadbolt (*«Strangers and Journeys»*), Witi Ihimaera (*«Tangi»*), Keri Hulme (*«The Bone People»*) und Albert Wendt (*«Sons for the Return Home»*). Für einen feinfühligen sozialkritischen Einblick in die zeitgenössische neuseeländische Gesellschaft in dichterischer Gestaltung seien dem ausländischen Leser etwa Maurice Gees Trilogie «Plumb» (1978), «Meg» (1981) und «Sole Survivor» (1983) oder Alan Duffs kontroverser Roman über die städtischen Maori «Once Were Warriors» (1992) empfohlen.

Einen Einblick in die Pioniergesellschaft geben Jane Manders «*The Story of a New Zealand River*» *(1920)* und John Mulgans «*Man Alone*» *(1939)*. Im Ausland weiterum bekannt sind die Romane von Mary Scott (1888–1979), im Land selbst ist sie nur wenigen ein Begriff. In der Sparte des Kriminalromans schließlich hat sich die Schriftstellerin Ngaio Marsh (1899–1982) einen internationalen Namen geschaffen.

An der neuseeländischen Geschichte interessierte Leser finden in Sir Keith Sinclairs (1922–1993) bereits «klassischer» «History of New Zealand» und in den Biographien und Werken zur neuseeländischen Geschichte von Michael King (geb. 1945) einen guten Einblick in die Geschichte des Landes und in die Herausbildung einer eigenständigen neuseeländischen Identität.

Klassische Künste, Film & Pop

In der Malerei wird immer häufiger auf imaginative und nicht mehr rein deskriptive Weise von der neuseeländischen Landschaft und vor allem von den ungewöhnlichen Lichteffekten Gebrauch gemacht. Maori-Motive werden nicht mehr nur kopiert, sondern stilistisch weiterentwickelt.

Auch im Theater treten nun oft einheimische Stücke neben ausländische. Dabei sind kleinere Bühnen oft fortschrittlicher als die etablierten, und ihre Aufführungen lassen sich durchaus mit internationalen Maßstäben messen. Einer der bekanntesten Dramatiker ist Bruce Mason (*«The End of the Golden Weather»*).

Im Jahr 1946 wurde das neuseeländische Symphonieorchester, 1952 die *Ballett Company* gegründet. Hinzu kommt eine Vielzahl lokaler Orchester und Chöre. Da an den Universitäten großer Wert auf die Ausstrahlung ihrer Arbeit ins Publikum gelegt wird, findet man gerade auch dort ein aktives Kulturleben.

Die Filmindustrie hat in den vergangenen Jahren einen erstaunlichen Auftrieb erlebt und Neuseeland im Ausland weit mehr bekannt gemacht als etwa das «Nationalspiel» Rugby. Neuseeländische Filme wie «*The Piano*», «*Heavenly Creatures*» oder «*Once Were Warriors*» (die Verfilmung des oben erwähnten Buches von Alan Duff) – um nur einige zu nennen – kann man auch in ausländischen Kinos und Fernsehprogrammen sehen.

Und nicht zuletzt müssen die erstklassigen Rock- und Pop-Gruppen wie etwa *Split ENZ* sowie das blühende Kunstgewerbe, vor allem Weberei und Töpferei, genannt werden.

«Kiwiana»

Einen humorvollen Einblick in zehn typische neuseeländische «Kulturartikel» gibt die 1994 erschienene 45-Cent-Markenserie unter dem Titel «Kiwiana»: Die *Paua*-Muschel, aus deren bunt schillerndem Innern Souvenirs hergestellt werden; die *Pavlova*-Meringue-Torte, wohl das am häufigsten genannte typisch neuseeländische Dessert; das *Hokey-Pokey*-Eis, ein Toffee-Eis; *Fish and chips*; ein Paar *jandals*, einfache Gummisandalen; ein *bush shirt*, ein aus dicker Wolle bestehendes Freizeit- und Arbeits-Wollhemd für Männer; das Kinderspielzeug *buzzy bee*, eine Holzbiene auf Rädern, die bei entsprechendem Ziehen mit den Flügeln wackelt; *gumboots* – Gummistiefel – und ein *black singlet* – ein schwarzes, ärmelloses Leibchen –, die «Uniform» der Farmarbeiter, z.B. der Schafscherer; ein *Rugby*-Ball und *Rugby*-Schuhe; und schließlich die Ausländern wohl am ehesten bekannte *Kiwi*-Frucht. Natürlich hätte die Auswahl auch etwas anders ausfallen können, aber die aufgezählten Gegenstände sind tatsächlich allen Neuseeländern vertraut.

Maoritanga – die Kultur und Lebensweise der Maori

Wie wir schon bei der Darstellung des neuseeländischen Bevölkerungsgemisches festgestellt haben, unterscheidet sich äußerlich das Leben der Maori in der Stadt kaum von demjenigen der übrigen Einwohner. Trotzdem besteht aber daneben das, was man mit *Maoritanga* bezeichnet. *Maoritanga* beinhaltet nicht nur die Maori-Lebensweise, sondern muss als Teil der gesamten Maori-Lebensphilosophie und -Kultur gesehen werden, und wir wollen sie deshalb in diesem Kapitel gesamthaft darstellen. Maoritanga beruht auf der Gemeinschaft im weitesten Sinn, der Großfamilie (*Whanau*), der Sippe (*Hapu*) und schließlich dem Stamm (*Iwi*). Auch Literatur und Kunst sind eng mit der Lebensweise der Maori verknüpft, doch darüber werden wir später berichten. Hier sollen jene Aspekte zeitgenössischer Maori-Lebensweise beschrieben werden, mit denen Pakeha und Besucher Neuseelands am ehesten in Kontakt kommen:

Tapu und *Noa*: Eine der wichtigsten Grundlagen der Maoritanga ist das Tabu (*Tapu*). Es regelte ursprünglich sowohl das religiöse wie auch das gesellschaftliche Leben als ungeschriebenes Gesetz. So besaßen besonders Männer *Tapu*, eine persönliche, innere Lebenskraft. Je höher ihr Rang in der Gesellschaft, desto höher war ihr *Tapu*. Es regelte aber auch die alltäglichen Beziehungen zwischen den Menschen. Das Tapu konnte von Dauer sein, wie etwa bei einem Häuptling oder später bei Kirchen und Friedhöfen, oder aber nur für bestimmte Zeit wirken. Auch heute noch halten sich viele Maori an die Regeln des *Tapu*, wenn auch Außenstehende dies selten bemerken. So wird etwa die Stelle im Meer, wo jemand ertrunken ist, mit einem *Tapu* belegt. Das Gegenteil von *Tapu* ist *Noa*. Diesem unterliegen zum Beispiel Nahrungsmittel. Deshalb sollte man seine Nahrung nicht dort aus dem Meer holen, wo ein *Tapu* besteht. Gleicherweise sollte man beim Besuch in einem Maori-Haus seinen Hut nicht auf den Tisch legen, da dadurch ein *Tapu* – nämlich der Kopf, mit dem der Hut eben noch in Berührung war – mit Nahrung, *Noa* zusammengebracht wird. Unkenntnis dieser Einstellung führt immer wieder zu verletzten Gefühlen.

Viele *Tapu*-Bestimmungen haben durchaus praktische, hygienische Gründe. Ein temporäres *Tapu* kann wieder aufgehoben werden. Dies konnten in vorhistorischer Zeit nur die weisen Männer, die *Tohunga*, tun; heute genügt ein Gemeinschaftsbeschluss.

Die Großfamilie (*Whanau*): Einen wichtigen Platz im Leben der Maori nimmt die Großfamilie ein. Diese bietet Schutz, kann aber gleichzeitig recht einschränkend wirken. Auch entfernte Bekannte werden oft als Cousins vorgestellt; gegenüber Kindern und Jugendlichen sind die Maori besonders tolerant.

Eine wichtige Funktion kommt den Familien- oder Gruppenältesten zu, den *Kaumatua*, deren disziplinarische Maßnahmen und Ratschläge im Zeichen einer starken Abwanderung in die Städte allerdings immer weniger befolgt werden. Auch Pakeha können in die Großfamilie aufgenommen und *Kaumatua* werden.

Wechselseitigkeit *(Utu)* ist ein weiteres Grundelement: Man nimmt sich gegenseitig auf und hilft sich etwa mit Essen und Kleidern aus, erwartet aber dasselbe vom andern. Auch Land wird als Familien- oder Sippenkollektiv verwaltet. Das Prinzip des persönlichen Besitzes ist relativ neu und hat nicht wenige Maori mit dem Gesetz in Konflikt gebracht.

Die Gemeinschaft: Ein bedeutender Teil des Lebens der Maori spielt sich in der größeren Gemeinschaft ab. Den wichtigsten Platz darin nehmen Zusammenkünfte *(Hui)* auf dem *Marae*-Komplex ein. Es werden immer wieder neue Versammlungshäuser *(Whare Runanga)* und Kantinen *(Whare Kai)* gebaut, auch solche, die nicht nur einem Stamm gehören, sondern allgemein zugänglich sind und oft auch von Pakeha benützt werden. Man trifft sich auf dem *Marae* zu Gesang und Tanz, zum Flachsflechten, zu Intensivsprachkursen an Wochenenden, zu politischen Zusammenkünften, Jubiläumsfeiern, Hochzeiten und Begräbnissen. Übernachtet wird in Massenlagern im *Whare Runanga*, wobei oft bis spät in die Nacht hinein diskutiert wird. Bei solchen Zusammenkünften geht es oft lustig zu, denn die Maori haben einen ausgeprägten Humor. Nicht selten haben sie durch ihre neckische Schlauheit und durch bunte, ausgeschmückte Geschichten Entdecker und Forscher hinters Licht geführt!

Bei wichtigen Anlässen wird eine genaue Abfolge von Ritualen eingehalten, wobei Zeit keine entscheidende Rolle spielt. Es wird genau unterschieden zwischen den Besitzern des *Marae*, die bei der ausgedehnten Begrüßungszeremonie vor dem Versammlungshaus sitzen oder stehen, und den Gästen *(Manuhiri)*, die sich vom Eingangstor her den Besitzern nähern. Dabei sind die Ansprachen *(Whaikorero)* wichtig. Sie werden oft von Gesang und Tanz umrahmt. Ist die offizielle Begrüßung der Gäste vorüber, so erfolgt die persönliche Begrüßung aller Anwesenden durch Nasenberühren *(Hongi)*. Darüber gibt ein moderner Knigge für Pakeha die folgenden praktischen Anweisungen: «Schütteln Sie sich die Hand, berühren Sie sich gegenseitig die Nase, einmal, zweimal, nur leicht. Murmeln Sie irgendein Begrüßungswort, ‹Tena koe› zum Beispiel. Gehen Sie dann weiter zur nächsten Person und wiederholen Sie dasselbe.»

Zu einem Anlass auf dem *Marae*, aber immer öfter auch zu allgemeinen Veranstaltungen, gehört das in einem Erdofen zubereitete Essen *(Hangi)*. In ein Loch im Boden werden heiße Steine und darauf in feuchte Tücher gewickeltes Fleisch und Gemüse gelegt, mit Erde zugeschüttet und so gekocht.

Der wohl noch ursprünglichste Maori-Brauch der heutigen Zeit ist die Begräbnisfeier *(Tangihanga)*. Der Leichnam wird gewöhnlich zwei Tage im Versammlungshaus aufgebahrt. Trauergäste kommen und gehen, aber die engsten Verwandten verbleiben meistens beim Toten. Frauen stimmen Klagegesänge an *(Tangi)*, und es werden Reden gehalten. Am dritten Tag erfolgt dann die Bestattung auf dem Friedhof,

Maori-Holzschnitzerei

der auf dem Land meist auf einer Anhöhe liegt.

Besucher Neuseelands haben Gelegenheit, einige dieser Bräuche auf speziell für sie veranstalteten «Festen» auf dem *Marae* – etwa in der Nähe von Rotorua – kennenzulernen. Wer sich überdies in der lokalen Presse umsieht, wird auch erfahren, wo Maori (oft zusammen mit Pakeha) Veranstaltungen haben, die nicht für Touristen zusammengestellt sind. So findet etwa am letzten Samstag des Jahres in Pawarenga am Whangape Harbour im entlegenen Nordwesten des Landes ein Fest statt, an welchem vorwiegend die dort ansässigen Maori und ihre Familienangehörigen, die aus der Stadt auf Weihnachtsbesuch gekommen sind, teilnehmen. Reit- und Holzfällerwettkämpfe, Seilziehen und vieles mehr finden statt. Alles wenig organisiert und begleitet von viel Lachen, da sich alle kennen. Zum Lunch kann man sich eine Portion im Erdofen gekochtes *Hangi* bestellen.

Wer mehr über die praktischen Seiten der Maori-Etikette erfahren möchte, dem sei das Buch von H. und P. Tauroa *«Te Marae. A Guide to Customs & Protocol»* (Auckland, 1994) empfohlen. Hiwi Tauroa war früher Neuseelands *Race Relations Conciliator*.

Die Kunst der Maori

Auch die Kunst und Literatur ist für die Maori Teil ihrer Lebensweise und gehört zur *Maoritanga*, deren gesellschaftliche Grundlagen wir eben dargestellt haben.

Die bildende Kunst der Maori ist hauptsächlich auf die Bauten des Versammlungshauskomplexes, des *Marae*, konzentriert. Am wichtigsten ist die Holzschnitzerei (*Whakairo*), die auf eine lange Tradition zurückblickt. Schnitzereien zieren nicht nur Versammlungs- und Vorratshäuser, sondern auch Musikinstrumente, Arbeits- und Kriegsgeräte sowie Schmuckstücke. Die stilisierten Figuren stellen Vorfahren des Stammes dar, dem das Versammlungshaus gehört, sowie mythische Figuren, etwa den Manaia-Vogel. Besonders eindrücklich sind die Ahnenfiguren auf den Stützpfosten (*Poutokomanawa*) und an den Innenwänden (*Poupou*) des Versammlungshauses. Lange, herausgestreckte Zungen symbolisieren Stolz und Trotz. Die wilden Augen bestehen aus grün schimmernden Pauamuscheln. In den Händen halten die Figuren oft Waffen als Zeichen von Kraft und Macht. Kurven und Spiralen sind die vorherrschenden Motive. Sie symbolisieren Naturerscheinungen wie etwa die Wellen des Meeres, das sich entfaltende Farnblatt oder auch Fische und Vögel. Die dominierende Farbe der Figuren ist rotbraun. Von dieser Tradition weicht man nur selten ab, etwa im Turangawaewae-Versammlungshaus in Ngaruawahia am Waikato-Fluss, wo eine Reihe moderner, teils kontroverser Schnitzereien auf Holzfaserplatten zu sehen ist.

Die Holzschnitzerei ist auch heute noch eine hoch geachtete Beschäftigung, und strikte Regeln müssen befolgt werden. In Rotorua befindet sich ein *Maori Arts and Crafts Instituts*, wo Besucher den Arbeitern beim Schnitzen zuschauen können.

Nichts aber verleiht dem Schnitzer so großes Ansehen wie die Teilnahme am Bau und an der Verzierung eines Kanus. Ein 1940 fertig gestelltes, 37 Meter langes Kanu, fährt jeweils anlässlich der Waitangi-Feierlichkeiten, von etwa 80 Männern gerudert, in die Bay of Islands ein. Und jeweils Mitte März nehmen mehrere Kanus an einer Regatta bei Ngaruawahia teil. Dabei erklingt der *Action Song* «Uia mai, toia mai, te waka!» («Hier kommt das Kanu!») Besonders eindrücklich ist die Zeremonie am Abend, wenn die Kanus von den Männern – angefeuert durch rhythmische Zurufe – den steilen Hang hinauf in die Hütten geschoben werden, ein Unterfangen, das auf den ersten Blick unmöglich erscheint.

Auch Flechtarbeiten verschiedenster Art gehören zur Tradition der Maori. Zwischen den Ahnenfiguren im Innern des Versammlungshauses befinden sich *Tukutuku*. Diese bestehen aus dünnen, schwarz oder braun bemalten Latten, die mit Flachs oder Toe-toe-Silbergras zu geometrischen Figuren zusammengeflochten wurden. Aus Flachs werden auch Körbe, Taschen und Matten geflochten und Lendenschurze für Tänzer *(Piupiu)* hergestellt. Auf der Innenseite des Daches im Versammlungshaus finden sich auf schwarzen Brettern aufgemalte stilisierte Farnbaummuster *(Kowhaiwhai)*.

Nur noch wenige ältere Leute tragen die traditionelle Tätowierung *(Moko)*. Heute wird sie bei besonderen Veranstaltungen aufgemalt.

Aus *Greenstone*, einer Art Jade, werden Werkzeuge und Schmuckstücke hergestellt. Dazu gehören auch der beliebte *Hei-Tiki*-Halsanhänger, der heute als Glücksbringer betrachtet wird, und der *Mere*, eine flache Keule.

Während sich die Pakeha-Literatur auf das schriftliche Wort konzentriert, ist die Maori-Literatur ursprünglich vorwiegend auf mündliche Formen ausgerichtet. Neben der Gattung der Reden *(Whaikorero)* nehmen vor allem die *Waiata* einen bedeutenden Platz ein. Dies sind Gedichte mit heiteren oder traurigen Themen zu verschiedenen Ereignissen des Lebens. Ihnen verwandt sind Geschichten und Legenden, die in Prosaform vorgetragen werden. Den meisten Neuseeländern sind wenigstens einige Maori-Legenden bekannt. Neben der Legende vom Zorn des Mount Egmont und von Mauis Fischfang, die wir schon nacherzählt haben, ist die wohl bekannteste die Liebesgeschichte von Hinemoa und Tutanekai, die sich nach Überwindung vieler Hindernisse auf einer Insel im Rotorua-See finden.

Die mündliche Literatur der Maori bezeichnet man gelegentlich als das «singende Wort», denn sie wird oft als Gesang vorgetragen. Dazu gehören die *Action Songs*, zu deren Worten nicht nur gesungen, sondern auch getanzt wird. Der *Haka*, ein wilder Tanz zur Herausforderung des «Gegners», zeichnet sich durch Schreie, drohende Gesten, rollende Augen, herausgestreckte Zungen und Stampfen mit den Füßen aus. Neuseeländer jeder Herkunft führen ihn oft im Ausland auf, zum Beispiel vor dem Beginn eines Wettspiels. Als Kontrast dazu ist der Frauentanz *Poipoi* zu betrachten, bei dem an Schnüren gehaltene kleine Bastbälle zu rhythmischen Melodien geschwungen

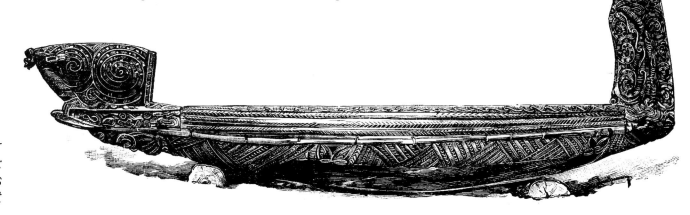

Kunst der Maori: geschnitztes Boot

werden. Rhythmus ist ein wichtiger Bestandteil aller Gesänge und Tänze und wird durch Fußstampfen, Klatschen der Hände auf den Körper oder das Aneinanderschlagen von Hölzern noch verstärkt. Manche der modernen Maori-Melodien sind Adaptionen westlicher Musik, und Maori wirken häufig auch bei den beliebten Pop-Gruppen mit.

Zu höchster Perfektion im Gesang hat es Kiri Te Kanawa, die weltbekannte neuseeländische Opernsängerin gebracht.

Während Maori-Charaktere in der Pakeha-Literatur häufig vorkommen, ist die schriftliche Literatur bei den Maori selbst erst jüngeren Datums. Erzählungen und Romane werden meist in Prosaform und auf Englisch verfasst. Der prominenteste Vertreter dieser Literaturgattung ist der bereits erwähnte Witi Ihimaera, der mit seinem Kurzgeschichtenband «Pounamu, Pounamu» (1972) und «Tangi» (1973), dem ersten Roman eines Maori-Schriftstellers, auch außerhalb des Landes Bedeutung erlangte und seither mehrere weitere Bände veröffentlicht hat.

Neuseeland im Spiegel seiner Sprachen

Das Englische dominiert die gesamte sprachliche Verständigung in Neuseeland. Minderheitensprachen sind weitgehend auf den privaten Bereich oder auf Zusammenkünfte der Sprachträger beschränkt. Das Englische ermöglicht den Neuseeländern einen mühelosen Zugang zur übrigen Welt. Sie beziehen ihrerseits ihre Informationen und Kenntnisse über den «Rest der Welt» vorwiegend aus englischsprachigen Quellen, aus Großbritannien, den USA oder Australien. Die BBC kann man, mindestens in Auckland, rund um die Uhr empfangen. Auch die Mitarbeit in den verschiedenen Gremien des Commonwealth wird natürlich in englischer Sprache abgewickelt. Wenn Neuseeländer von «in the whole world» sprechen, etwa bei Vergleichen, beziehen sie sich meist nur auf die ihnen sprachlich zugängliche anglophone Welt.

Zwei- oder mehrsprachig ist in Neuseeland jener Teil der Bevölkerung, dessen Muttersprache nicht Englisch ist. Die Sprache der größten Minderheit, die Maori-Sprache (Te Reo Maori), wurde 1987 als eine offizielle Sprache des Landes anerkannt. Sie ist trotz ihrer engen Verwandtschaft mit den anderen polynesischen Sprachen weitgehend auf Neuseeland beschränkt. Eine aktive Beherrschung dieser Sprache ist heute aber bei der jüngeren Generation eher die Ausnahme als die Regel. Auf Zusammenkünften der Maori, aber auch anderer nichtenglischsprachiger Bevölkerungsgruppen, kann man immer wieder erleben, dass wichtige Mitteilungen englisch erfolgen, damit sie auch wirklich von allen Anwesenden verstanden werden!

Bereits seit 1871 erhielten Maori-Kinder ihren Unterricht ausschließlich in englischer Sprache. Die überragende Stellung des Englischen im staatlichen und wirtschaftlichen Leben sowie der nicht zu unterschätzende Einfluss des – englischsprachigen – Fernsehens seit etwa 40 Jahren haben zur Verdrängung der Maori-Sprache beigetragen. Diese Entwicklung hat aber anderseits die Herausbildung eines Pidginenglisch bei den Maori verhindert. In der jüngsten Vergangenheit hat im Zusammenhang mit der Renaissance der Maori-Kultur auch die Maori-Sprache eine Wiederbelebung erfahren und wird nicht nur von Maori, sondern auch von vielen Pakeha wieder vermehrt erlernt. Die Maori sprechen heute ebenso fließend englisch wie die Pakeha, doch unterscheidet sich ihre Aussprache oft durch eine gewisse «Weichheit», eine besondere Satzmelodie und den häufigen Gebrauch gewisser umgangssprachlicher Wörter und Wendungen.

Die Maori-Sprache hat eine beachtliche Flexibilität bewahrt und entlehnte englische Wörter vollständig der Maori-Aussprache angepasst. So finden wir neben Wörtern, die bereits seit der frühesten Begegnung mit den Pakeha vorhanden sind, etwa *Kanara* (candle; Kerze) oder *Paipera Tapu* (the Holy Bible; die Heilige Schrift), auch Wörter für moderne Begriffe wie *Motopaika* (motorbike; Motorrad), *Hararei* (holiday; Ferien) und *pekerapu* (bankrupt; bankrott). In anderen Fällen wurden bereits existierende Wörter zur Bezeichnung neuer Begriffe herangezogen: *Whare Wananga*, früher «eine Schule, in der übernatürliche Dinge gelehrt wurden», bedeutet heute auch «Universität», und *Irirangi*, früher «eine Geisterstimme, die ein böses Omen ankündigte», bezeichnet jetzt auch – in der Verbindung mit *Te Reo Irirangi* – eine Rundfunksendung.

Als die Maori das Christentum annahmen, kam auch der Gebrauch maorisierter englischer Vor- und Familiennamen auf. So verbergen sich etwa hinter *Hone* und *Hohepa* die englischen Vornamen *John* und *Joseph*. Und in den anglikanischen Maori-Kirchen betet man für *Kuini Erihapeti* – Königin Elizabeth. In vielen Fällen allerdings nahmen die Maori unveränderte englische Namen an oder erhielten diese durch Mischheiraten. Ausschließlich englische Familiennamen bedeuten daher keineswegs, dass es sich in jedem Fall um Pakeha handelt.

Auch das neuseeländische Englisch hat Wortmaterial aus der Maori-Sprache übernommen. Dazu gehören die meisten der in diesem Buch genannten Maori-Wörter, darunter *Tapu* (Tabu), *Marae* (Versammlungshauskomplex), *Hui* (Versammlung), *Hongi* (Nasenberühren), *Hangi* (Erdofen), *Mana* (Ansehen, Prestige), *Kiwi* (Neuseeländer). Sie gehören heute zum Allgemeinwortschatz des neuseeländischen Englisch. Hinzu kommen adaptierte Wörter wie *biddy-biddy* (Piripiri; eine Art Klette). Das umgangssprachliche «eh?» am Satzende, das sowohl Maori wie Pakeha in ihrem Englisch oft gebrauchen, soll ebenfalls eine Entlehnung

Kunst der Maori: Wandpfeiler mit Holzschnitzerei

der Maori-Sprache sein. Zudem kennen die meisten Pakeha wenigstens die Bedeutung einiger häufiger Elemente von Maori-Orts- und Gewässernamen: Etwa *kai* (Nahrung, Essen), *wai* (Wasser), *pa* (ursprünglich ein befestigtes Dorf), *whanga* (Hafen). Ebenso kennen sie Begrüßungsformeln wie *haere mai* (Willkommen), *haere ra* (Auf Wiedersehen), *kia ora* (allgemeine Begrüßungsformel, englisch *hello!*, *hi!*). Radiosprecher sind gehalten, Maori-Namen korrekt und nicht abgekürzt oder anglisiert auszusprechen. In der täglichen englischen Umgangssprache – auch vieler Maori – kann man jedoch immer wieder feststellen, dass man nicht verstanden wird, wenn man Maori-Ortsnamen tatsächlich korrekt auf Maori ausspricht!

Das Englische in Neuseeland hat aber auch Ausdrücke für typisch neuseeländische Begriffe geprägt. Dazu gehören *gumdigger* (Kauriharzgräber) und *bach* (Ferienhäuschen). Bereits existierende Wörter des britischen Englisch haben in Neuseeland oft eine zusätzliche Bedeutung bekommen, so etwa *section* (ein Stück Land), *dairy* (Kolonialwarengeschäft, das sieben Tage in der Woche geöffnet ist), *bush* (dichter, subtropischer Regenwald) und *metal road* (Staubstraße).

Das von den Pakeha gesprochene Englisch unterscheidet sich von seiner britischen – und australischen! – Variante vor allem durch verschiedene Satzmelodie und abweichende Aussprache von Selbstlauten sowie durch spezifisch neuseeländische Redewendungen wie etwa das bekannte «She'll be right.» – «Es wird schon gut gehen.» Der im Jahr 1979 zum ersten Mal publizierte «*New Zealand Dictionary*» verzeichnet auch einheimische Wörter und die lokale Aussprache der aufgeführten Wörter.

Maori-Häuptling im 19. Jh.

100 terra magica

Stadtbewohner in ländlicher Umgebung oder: Ein Land von Stadtbewohnern

Man kann zwar in Neuseeland allein an einem einsamen Strand oder in einem Bergtal wohnen, wo der nächste Nachbar mehrere Kilometer entfernt lebt. Dies ist aber die Ausnahme, denn über 80 Prozent aller Bewohner Neuseelands sind Stadtbewohner! Damit gehören sie zu den verstädtertsten Völkern der Welt. Besonders die größten Zentren der Nordinsel sind seit dem Zweiten Weltkrieg stark gewachsen. Aucklands Einwohnerzahl betrug noch 1945 nur 258000; heute hat die größte Stadt des Landes, zusammen mit ihrer Agglomeration («Groß-Auckland»), über eine Million Einwohner und beherbergt damit fast ein Drittel der Bevölkerung Neuseelands – mehr als die gesamte Bevölkerung der Südinsel.

Allerdings handelt es sich beim Wort «Stadtbewohner» um einen relativen Begriff, wenn man Vergleiche zieht zu den Großstädten Europas und Asiens. Groß-Aucklands Einwohner verteilen sich zwar auf eine Fläche, die derjenigen Londons gleichkommt, doch leben in Englands Hauptstadt siebenmal mehr Einwohner. Die geringe Bevölkerungsdichte Aucklands und aller anderen Siedlungen in Neuseeland kommt daher, dass die Neuseeländer meist immer noch in einem frei stehenden Haus auf einem Grundstück von 500 bis 1000 Quadratmetern wohnen. Im relativ kleinen Stadtkern etwa von Wellington und Auckland stehen heute moderne Hochhäuser. Doch diese beherbergen meist Geschäfte und Büros, obwohl nun auch wieder Appartements angeboten werden, weil vielen Leuten die Fahrt von den Wohnquartieren in den Vororten zur Arbeit im Stadtzentrum zu anstrengend und zu lang wird. Aber auch in den Vororten werden immer häufiger Grundstücke unterteilt und dort, wo früher ein Haus stand, findet man nun deren zwei. Auch wird vermehrt zwei- und dreistöckig gebaut.

Das Privatleben der Neuseeländer spielt sich in den Vororten ab, die ihrerseits kleinstädtische Zentren entwickelt haben. Man kann deshalb eher von einer «Suburbanisierung», einer «Vervorstädterung», als von einer Verstädterung sprechen.

Die durchschnittliche Bevölkerungsdichte des gesamten Landes beträgt 12,6 Einwohner pro Quadratkilometer (zum Vergleich: Australien 2,2; Deutschland 225; Japan 327). Doch die Bevölkerung konzentriert sich auf die vier größten Zentren Auckland, Wellington, Christchurch und Dunedin sowie auf etwas mehr als ein Dutzend mittelgroßer Provinzstädte. Gleich außerhalb dieser Städte beginnt das Farmland oder der Busch. Neuseeländer sind an weite, offene Flächen gewöhnt und schätzen zudem eine gewisse körperliche Distanz zu anderen. Deshalb fühlen sie sich in den Großstädten der übrigen Welt oft eingeengt.

Im Vergleich zu den überwältigenden Naturschönheiten des Landes sind Neuseelands Siedlungen nicht besonders spektakulär. In jüngster Zeit sind jedoch besonders die größeren Zentren attraktiver und vielfältiger, neue Gebäude weniger monoton und alte oft auf originelle Weise renoviert worden. Das tägliche Leben der meisten Neuseeländer spielt sich ja nicht nur in der freien Natur, sondern vor allem auch in den Städten und Vororten ab.

Die Struktur des neuseeländischen (Vor-)Orts

Die Pioniere, die in der zweiten Hälfte des 19. Jahrhunderts die Grundsteine der heutigen Städte legten, hatten keine Zeit für eine Gesamtplanung. Lage und Funktion der Städte wurden von wirtschaftlichen Erfordernissen diktiert. Sie dienten als Versorgungszentren des landwirtschaftlichen Hinterlandes und stellten gleichzeitig für den Weitertransport und die Ausfuhr der landwirtschaftlichen Produkte die Verbindung zur übrigen Welt her.

Mit wenigen Ausnahmen zeigen Neuseelands Ortschaften und Vororte auch heute noch eine recht einheitliche Struktur: Entlang einer Hauptverkehrsader liegen die meist ein- bis dreistöckigen Geschäftshäuser mit Vordächern, unter denen die Passanten vor intensiven Sonnenstrahlen und vor Regengüssen geschützt sind. Geschäftiges Treiben herrscht dort von etwa 8.30 Uhr bis 17.30 Uhr.

Neben den Geschäften findet man Garagen, die Post, Banken, Cafés und Restaurants, eine Bibliothek sowie das Verwaltungszentrum des Orts. Dazu kommt die *hall*, ein großes, turnhallenartiges Gebäude, das der Bevölkerung unter anderem für Hochzeiten, Tanzabende, Feste, Haustierprämierungen, Briefmarkenauktionen und Fitnesskurse zur Verfügung steht und als Wahlbüro bei Abstimmungen dient. Früher wurden diese Zentren am Abend und ab Samstagmittag zu beinahe verlassenen Geisterstädten. Die Wirtschaftsreform hat aber bewirkt, dass nun vor allem die Lebensmittelgeschäfte und Supermärkte auch am Abend und am Wochenende geöffnet sind. Das gleiche gilt auch für die Bibliothek und für die vielen Cafés, Restaurants, Kinos und Pubs. Zudem sind die sogenannten *dairies* (Kolonialwarengeschäfte) und einige *take-aways* (kleine Imbissküchen, die Speisen zum Mitnehmen verkaufen) auch in kleinen Zentren sieben Tage in der Woche und oft bis spät abends geöffnet. Das eigentliche Nachtleben beschränkt sich aber entweder auf Klubs oder auf die City.

Je nach Größe der Siedlung oder des Vororts liegen hinter den Hauptgeschäfts- und Durchgangsstraßen weitere Geschäfte. Dort befinden sich auch riesige Supermarktkomplexe mit ausgedehnten Parkplätzen. Dahinter folgen die Wohnquartiere, die aus einstöckigen, zweistöckigen und seltener dreistöckigen Häusern bestehen. Dies gibt den Vororten – wenigstens auf den ersten Blick – ein monotones, ländliches Aussehen, besonders dort, wo die Siedlungen in einer Ebene liegen und einen relativ

Die unbewohnte Landenge von Auckland anfangs des 19. Jh.

einheitlichen Häusertyp aufweisen. Intensives Wachstum der Natur sowie eine meist hügelige Landschaft, der Blick auf Meeresbuchten, ausgedehnte private Gärten, Parks, Spielplätze und sogar Brachland vermitteln den Eindruck einer Parklandschaft. Auch in Vororten, die dem Stadtkern am nächsten liegen und wo die Häuser näher beieinander stehen, fehlen diese Parks nicht. Mitten im Zentrum von Auckland etwa weiden Schafe und Kühe an den Abhängen der erloschenen Vulkane.

Die Bauweise der neuseeländischen Wohnhäuser ist Ausdruck einer Tradition, die sich in den britischen Kolonien über mehrere hundert Jahre entwickelte. Neben englischen zeigt sie australische, amerikanische und indische Einflüsse. Das gebräuchlichste Material ist Holz, besonders im Süden sind jedoch auch Ziegelbauten üblich. Die Dächer sind meist aus Wellblech. Bis in jüngster Zeit war der Boden auch in den Städten keine Mangelware, was eine großzügige Bauweise erlaubte. In älteren Quartieren in der Nähe des Stadtzentrums findet man oft hübsche sogenannte «Villen» aus der Kolonialzeit unter alten, weit ausladenden Bäumen. Die Häuser in den Vororten am Stadtrand sind später entstanden und meist billiger zu erwerben, doch haben solche Vororte den Nachteil, dass man – meist mit dem eigenen Auto – bis zu 20 und mehr Kilometer zur Arbeit in die Stadt fahren muss, falls man nicht in der glücklichen Lage ist, im Vorort selbst zu arbeiten.

Statt wie in den Fünfziger- und Sechzigerjahren vor allem schachtelähnliche Häuser zu bauen, werden jetzt oft Experimente mit ungewöhnlichen Bauformen gemacht. Viele ältere Häuser werden geschmackvoll und oft eigenwillig restauriert. Statt allein stehender Wohnhäuser mit Garten findet man neuerdings auch Reiheneinfamilienhäuser *(town houses)* mit kleinen Gärten. Exquisite Boutiquen und Restaurants locken Besucher aus anderen Quartieren an. Neuseelands Städte kennen keine Slums am Stadtrand. Am Rand der einzelnen Wohngebiete befinden sich schließlich die sogenannten Industriezonen.

Die vier wichtigsten und größten Städte des Landes, Auckland (über eine Million Einwohner), Wellington (ca. 331 000), Christchurch (ca. 324 000) und Dunedin (ca. 113 000), werden allgemein als die *four main centers* bezeichnet. Besonders Auckland und Wellington bilden Agglomerationen von mehreren Siedlungen oder Kleinstädten.

Auckland – Polynesiens einzige Millionenstadt – auf 60 Vulkanen, an 150 Stränden

Auckland ist seit 1840 unsystematisch aus verschiedenen Vororten zusammengewachsen. Am eindrücklichsten ist aber nicht die Mischung von älteren Gebäuden im viktorianischen Stil und modernen Glashochhäusern, sondern die Lage der Stadt zwischen dem Waitemata-Hafen am Pazifik im Osten und dem Manukau-Hafen am Tasmanischen Meer im Westen.

Die Stadt erstreckt sich über hügeliges Gelände mit etwa sechzig erloschenen Vulkanen und entlang von mindestens 150 Stränden. An schönen Wochenenden schaukeln Hunderte von bunten Segeln im Waitemata-Hafen im inselreichen Hauraki-Golf. Dort finden sich auch die zwei Wahrzeichen der Stadt, der Inselvulkan Rangitoto, der angeblich vor 800 Jahren ausgebrochen sein soll, und die achtspurige, einen Kilometer lange Hafenbrücke zu den Vororten im Norden.

Auckland ist Neuseelands größte und blühendste Großstadt und sein Handels- und Geschäftszentrum. Ein Drittel aller Produktionsstätten des Landes liegen in und um Auckland. Dadurch zieht die Stadt nicht nur Neuseeländer aus ländlichen Gebieten an, sondern auch die Mehrheit der Einwanderer aus Übersee.

Von allen großen Städten Neuseelands besitzt Auckland die meisten Anknüpfungspunkte zur Südsee. Sein Klima ist feuchtwarm, in den Gärten und Parks gedeihen tropische und subtropische Gewächse, der weite Horizont scheint bei schönem Wetter fast durchsichtig, Regengüsse fallen in kurzen, aber heftigen Schauern und wechseln mit intensivem Sonnenschein. Hinzu kommen die enge Beziehung zum Meer, das glasklare Wasser rund um die Inseln im Hauraki-Golf und der subtropische «Busch» in den Waitakeres gleich im Westen der Stadt.

In Auckland wohnen die meisten Polynesier; die einheimischen Maori und die Einwanderer aus Samoa, den Cook-Inseln, Tonga, Niue und Tokelau sowie ihre in Neuseeland geborenen Nachkommen machen etwa 15 Prozent der Bevölkerung aus. Auckland rühmt sich daher, Polynesiens größte Stadt zu sein. Hinzu kommen weiße und farbige Einwanderer verschiedenster nichtbritischer Herkunft. Kontakte mit Leuten, deren Englisch nicht akzentfrei ist, gehören in Auckland seit den späten Sechzigerjahren zum Alltag.

Das Leben in Auckland ist oft härter und unpersönlicher als anderswo in Neuseeland. Die Kriminalität ist ebenfalls höher, und es gibt Straßen, die viele Auckländer nachts meiden. Aber das Leben ist auch bunter und reichhaltiger und zweifelsohne anregender und kosmopolitischer, «pazifischer» als in den südlichen «europäisch-britischen» Städten. Während in Dunedin dem Schotten Robert Burns auf dem Octagon ein Denkmal gesetzt wurde, beherrscht auf Aucklands «Queen-Elizabeth II»-Platz die Statue eines Maori-Häuptlings das Bild.

Besuchern aus dem Süden erscheinen die Gegend nördlich von Taupo und besonders die Stadt Auckland und der Norden oft zu Recht wie zu einem anderen Land gehörend.

Wellington — die zentralistische und windige Hauptstadt

Wellington liegt an der Südspitze der Nordinsel, an der Cook-Straße, und damit an zentraler Lage. Es wurde 1840 von Wakefields «New Zealand Company» gegründet und erhielt den Namen Port Nicholson. Nachdem Auckland zunächst 25 Jahre lang Hauptstadt des Landes gewesen war, lief ihm Wellington 1865 diesen Rang ab. Heute ist Auckland allerdings als die größte Stadt und Handelszentrum wieder die heimliche Hauptstadt. Ein Wellingtoner würde dies natürlich nicht so formulieren!

Im zentralistisch verwalteten Staat Neuseeland kommt der Hauptstadt besondere Bedeutung zu. Wer in der Politik mitmischen oder im Staatsdienst Karriere machen will, kommt an Wellington nicht vorbei. Wellingtons Funktion als administratives Zentrum zeigt sich an der Vielzahl von Männern in Anzug und Krawatte, die man mit einer Mappe in der Hand von und zur Arbeit eilen sieht. Im Gegensatz dazu erscheinen die Auckländer in Hemdsärmeln viel ungezwungener.

Die Hauptstadt hat den Spitznamen «Windy Wellington», denn die Windstöße von Südwesten, über die Cook-Straße, treffen mit voller Stärke auf die Hauptstadt. Wenn man die Wel-

Textfortsetzung Seite 129

von oben nach unten: Neuseelands Städte, vielfältig und abwechslungsreich wie die Landschaften:
– Die Harbour Bridge von Auckland, ein Wahrzeichen der Stadt
– Der «Bienenkorb», das Parlament in Wellington, Neuseelands Hauptstadt
– Der Clock Tower in Hokitika an der Westküste der Südinsel
– «Cable Car» – Straßenbahn in Christchurch, der «britischsten» Stadt Neuseelands
– In der Art-Deco-Stadt Napier an der Ostküste der Nordinsel
– Typische Villen-Wohngegend in Wellington
– Einzige Whisky-Destillerie des Landes (in Dunedin)
– Bootsfahrt auf dem River Avon in Christchurch

Mit einer Standseilbahn (eingeweiht 1902) geht es hinauf auf den Mount Kelburn. Von oben genießt man den wohl schönsten Ausblick auf Wellington

unten: *Bequem und schnell von Insel zu Insel: Die Interislander-Fähre verkehrt zwischen Wellington und Picton. Allein schon die Fahrt durch die Marlborough Sounds der Südinsel ist ein Erlebnis*

Picton am Queen Charlotte Sound: Von Wellington kommend, stellt die provinziale Kleinstadt meist den Ausgangsort für Erkundungen auf der Südinsel dar

nächste Doppelseite: Abel-Tasman-Nationalpark: Traumhaft schöne Küstenabschnitte, bizarre Kalksteinklippen und malerische, einsame Strände an der Nordküste der Südinsel

Der Strand von Kaiteriteri in der Tasman Bay. Schon im Jahr 1826 war der französische Seefahrer und Forscher Dumont d'Urville begeistert von diesem südseeähnlichen Ambiente

Landschaftliche Schönheit mit intakter Natur hat Neuseeland berühmt gemacht. Ein Paradebeispiel ist die wilde Westküste der Südinsel mit der Whitebait Coast (Irimahuwera Lookout)

unten: Strand bei Perpendicular Point

nächste Doppelseite: Die sogenannten «Pancake Rocks» an der Küste des Paparoa-Nationalparks; diese Kalksteinpakete bieten sich wahrhaftig dar wie übereinander geschichtete Pfannkuchen

Punakaiki Pancake Rocks: Wellen und Wind haben hier über Jahrhunderte das weiche Kalkgestein bizarr geformt

Nikao-Palmen wachsen nur an der Westküste der Südinsel

unten: Bullock-Hängebrücke über den Buller River, der bei Westport ins Meer mündet

nächste Doppelseite: Das Klischee vom unberührten Neuseeland ist ein Stück Wirklichkeit: Morgendämmerung am Lake Matheson mit der Bergkulisse der Southern Alps

übernächste Doppelseite: «Himmlische Drohungen» über den Southern Alps: Blick hinauf zu Mount Tasman und Mount Cook

darauf folgende Doppelseite: Berg- und Gletscherpanorama der Southern Alps

Aufregende Naturerlebnisse vom Helikopter aus: Franz-Joseph-Gletscher und Fox-Gletscher stürzen sich auf kürzestem Wege von den Alpenhöhen des Mount Cook (3746 Meter) und Mount Tasman (3498 Meter) in die Tiefe, dem dichten Urwald entgegen

«Aotearoa», die «lange weiße Wolke» über Mount Tasman und Mount Cook (Westland-Nationalpark)

unten: Der Fox-Gletscher – heute nur noch ein Relikt. Einst lag der gesamte westliche Teil der Südinsel unter riesigen Gletschern begraben

Floss vor rund 14 000 Jahren noch direkt ins Meer: der Fox-Gletscher. Heute reicht seine Zunge noch immer bis an den Regenwald heran

nächste Doppelseite: Der schwer zugängliche Westen der Südinsel – hier der Regenwald bei Haast

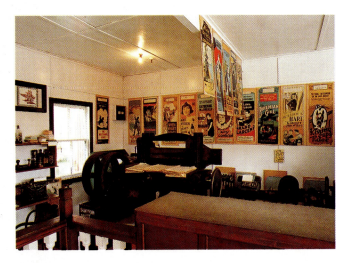

«Shantytown» – Top-Attraktion an der West Coast. Hier kann man noch in den goldenen Zeiten des «Wilden Westens» schwelgen, etwa beim Goldwaschen, während der Fahrt mit einer originalen Dampflok oder auf der Pferdekutsche. Vielleicht aber auch nur bei einem Whisky im Saloon lingtoner mit Schlagseite gehen sieht, behaupten böse Zungen, so komme dies lediglich daher, dass sie dadurch die Windstöße auszugleichen versuchten. So schlimm wie dies klingt, ist das Wetter Wellingtons aber gar nicht.

Wellington erinnert mit seiner hübschen Lage an steil ansteigenden Hügeln, die sich im Halbkreis über einer ausgedehnten Bucht erheben, an San Francisco. Wie dieses besitzt es auch eine Standseilbahn. Platzmangel hatte zur Folge, dass in Wellington schon früher als anderswo in Neuseeland Hochhäuser gebaut wurden und dass die Stadt einen kompakteren und entsprechend belebteren Stadtkern hat als andere Städte.

Gleich hinter diesem gedrängten Zentrum steigen schmale Straßen steil an und bieten einen herrlichen Blick gegen Süden, wo man jenseits der Cook-Straße die Berge der Südinsel erkennen kann. Die größere Dichte kommt auch dem öffentlichen Verkehr zugute: Von allen Städten des Landes besitzt einzig die Hauptstadt ein erwähnenswertes Vorstadtbahnnetz. Die Knappheit an Boden führte zur Entwicklung von Satellitenstädten wie Lower Hutt, Johnsonville und Porirua im Osten und Norden der Stadt.

Als Hauptstadt beherbergt Wellington das Parlament, dessen einer Teil die ungewöhnliche Form eines Bienenstocks hat und deshalb einfach *the Beehive* genannt wird. Das «größte Holzgebäude der südlichen Hemisphäre» liegt nicht weit davon entfernt und dient verschiedenen Departementen der Regierung. Das rege Gesellschafts- und Kulturleben hat durch die Eröffnung der neuen Stadthalle und des Michael-Fowler-Centers im Jahr 1983 eine weitere Expansion erfahren. In der Hauptstadt befinden sich auch die Nationalbibliothek und das Nationalmuseum.

Englisch-schottischer Süden — Christchurch und Dunedin

Dunedin und Christchurch wurden im Zusammenhang mit Wakefields Kolonisationsprogramm gegründet, Dunedin 1848, Christchurch 1850.

Während in Dunedin das schottisch-presbyterianische Element vorherrscht, sollten die speziell ausgesuchten anglikanischen Kolonisten in Christchurch ein Spiegelbild der englischen Gesellschaft – allerdings ohne deren Nachteile – geben. Beide Städte nahmen seit ihrer Gründung Unterricht und Erziehung sehr ernst. Dunedins University of Otago entstand bereits 1869 und ist die älteste des Landes. Im Gegensatz etwa zu den eher geschäftsorientierten Auckländern betrachten die Dunediner ihre Universität mit Stolz als einen wichtigen Teil ihrer Stadt. Christchurchs alte Universitätsgebäude (die Universität wurde in den Siebzigerjahren des 19. Jahrhunderts gegründet) bilden nun, nach fertig gestelltem Neubau der Universität in einem Vorort, ein ausgedehntes Kulturzentrum in der Mitte der Stadt. Landesweit bekannt ist auch das 1857 in Christchurch gegründete Christ's College, eine Mittelschule im Stil einer englischen *Public School*, deren Zöglinge eine streng anglikanische Erziehung erhalten.

Dunedin ist das keltische Wort für Edinburgh («Dun Edin»). Auf dem Octagon, dem achteckigen Zentrum der Stadt, steht denn auch die Statue des schottischen Dichters Robert Burns, und an einem Abhang in der Umgebung der Stadt thront das Larnach Castle, wo die Einwanderer «einen Hauch der alten Welt in einem noch jungen Land» genießen können. Vor 120 Jahren wies Dunedin wegen des Goldrauschs in Otago die höchste Wachstumsrate aller neuseeländischen Städte auf und war auch danach noch lange die blühendste Stadt des Landes. Dann stagnierte ihre Einwohnerzahl. Heute ziehen aber wieder vermehrt Leute aus dem Norden in den Süden.

Menschen, die in diesem «Edinburgh des Südens» leben, dort arbeiten oder studieren, sind meistens sehr eingenommen von der übersichtlichen, gemütlichen Stadt mit ihren stattlichen Gebäuden im viktorianischen Stil und von den zwar oft «provinziellen», aber freundlichen und entgegenkommenden Einwohnern, denen jede Hast fehlt.

Auf den höheren Lagen der Hügel um Dunedin liegt im Winter oft Schnee, und auch in der Stadt selbst schneit es gelegentlich. Dem Besucher aus dem Norden fällt auf, dass hier im Winter tüchtig geheizt wird und dass die Bewohner Mäntel und gelegentlich sogar Handschuhe tragen.

Im Gegensatz zu den drei übrigen Zentren des Landes, die sich über hügeliges Gelände erstrecken, liegt Christchurch in einer Ebene, den Canterbury Plains. Christchurch, Hauptstadt der Region Canterbury, gilt als Neuseelands englischste Stadt. Das bedeutendste von mehreren Gebäuden im neugotischen Stil ist die anglikanische Kathedrale im Stadtzentrum.

Die Namen wichtiger Hauptstraßen wie Worcester, Gloucester, Chester, Peterborough lassen unschwer ihren englischen Ursprung erkennen. Auf dem Flüsschen Avon rudert man durch eine liebliche Parklandschaft, ähnlich derjenigen in Londons Regent Park. Seine vielen Parks und seine ebene Lage machen Christchurch zu einem Paradies für Radfahrer. Die Stadt hat aber auch ein modernes Antlitz: Um die geschmackvolle neue Stadthalle beneiden sie andere Städte des Landes, und im modernen «Queen-Elizabeth II»-Sportkomplex fanden 1974 die Commonwealth-Spiele statt.

Christchurchs Einwohner schätzen das Leben in der prickelnd kühlen Luft des Winters und der relativ trockenen Hitze des Sommers. Ihre Stadt strahlt eine gewisse Ruhe und Zufriedenheit aus; man identifiziert sich, wie in Dunedin, mit ihr.

Die sogenannten «regionalen Zentren»

Mit Ausnahme von Hamilton (ca. 155 000 Einwohner) beträgt die Einwohnerzahl der sogenannten «regionalen Zentren» zwischen 20 000 und 80 000. Die sechzehn Städte, die in diese Gruppe gehören, machen einen sehr gepflegten, wohlhabenden Eindruck. Sie gehören zu den angenehmsten Wohngebieten des Landes. Lediglich was Unterhaltung und Vergnügen angeht, stehen sie den Großstädten nach.

Die regionalen Zentren entstanden vor allem im Zusammenhang mit der Versorgung der umliegenden Farmen und liegen meist in der Nähe größerer Molkereien und Schlachthäuser. Heute dienen sie aber in allen Fällen auch weiteren Industriezweigen und nehmen im Wirtschaftsleben des Landes eine wichtige Stellung ein.

Die nördlichste dieser regionalen Städte, Whangarei, die Hauptstadt der Region Northland, liegt in der Nähe von Neuseelands einziger Erdölraffinerie. Jakarandas, Hibisken, Bananensträucher und Wärme liebende Bäume aller Art verleihen der Stadt ein subtropisches Aussehen.

Südlich von Auckland liegt Hamilton am Waikato-Fluss. Die Stadt besitzt eine mittelgroße Universität und ein landwirtschaftliches Forschungszentrum. In ihrer Umgebung befinden sich ertragreiche Schaf-, Rinder- und Milchfarmen.

Tauranga, in der Bay of Plenty, liegt im Herzen der Kiwifruchtkulturen, die Neuseeland in der ganzen Welt bekannt gemacht haben. Taurangas Hafen ist, gemessen an der Tonnage, der Hafen mit dem größten Exportvolumen und dient der Ausfuhr landwirtschaftlicher Produkte sowie von Holz, das aus den riesigen Kiefernwäldern bei Rotorua – dem wichtigsten Touristenzentrum der Nordinsel – kommt.

In der Poverty Bay liegt Gisborne mit einer großen Lebensmittelfabrik; Napier und Hastings in Hawke's Bay sind Zentren des Obst- und Gemüseanbaus. Napier ist bekannt für seine Art-déco-Architektur, und nicht weit entfernt liegt das 1980 gebaute *Buck House* in einem Weinberg. Es ist ein Beispiel dafür, wie man in Neuseeland traditionelle mit moderner Bauweise auf gediegene Weise verbinden und in die Landschaft einpassen kann.

Masterton in der Region Wairarapa östlich von Wellington liegt inmitten ausgedehnter Schaffarmen.

Im Südwesten der Nordinsel, in der Region Taranaki, am Fuß des Mount Egmont, liegt New Plymouth. Ursprünglich versorgte die Stadt hauptsächlich die umliegenden Milchfarmen. Seit man in Taranaki Erdgas fand, hat sie neue Bedeutung als Energiewirtschaftszentrum erlangt.

Wanganui liegt an der Mündung des gleichnamigen Flusses, in dessen Oberlauf Kanufahrten und mehrtägige Buschwanderungen unternommen werden können. In der weiteren Welt bekannt wurde die Stadt allerdings durch die 1995 erfolgte mehrmonatige Besetzung eines Parks durch Maori, den diese als ihr Land forderten.

Palmerston North in der Region Manuwatu beherbergt wie Hamilton eine mittelgroße Universität, die unter anderem den Fernunterricht des Landes betreut. Ebenfalls nördlich von Wellington liegt Kapiti an der gleichnamigen Küste.

Im Norden der Südinsel liegen Neuseelands sonnenreichste Städte Nelson und Blenheim. In dieser Gegend finden sich Apfelplantagen und Weingärten, und auch Hopfen und Tabak werden angebaut. Die Stadt Nelson ist auch für ihr angenehmes Klima und ihre Nähe zum landschaftlich äußerst reizvollen Abel-Tasman-Nationalpark bekannt. Viele Neuseeländer ziehen nach ihrer Pensionierung nach Nelson und dessen Umgebung.

Timaru, südlich von Christchurch, dient mit seinem Hafen den Farmen des Hinterlandes als Umschlags- und Verwaltungsplatz und beherbergt wichtige Textil- und Nahrungsmittelindustrien sowie eine Großgerberei.

Bei Invercargill, an der Südspitze der Südinsel, findet sich Neuseelands Aluminiumhütte. Sein Hafenvorort Bluff ist Ausgangspunkt für Fahrten auf die Stewart-Insel und als Verarbeitungsstätte der Bluff-Austern bekannt.

Mit Ausnahme von Hamilton, Rotorua, Masterton und Palmerston North liegen alle diese Städte am Meer und sind eng mit ihm verbunden. Sie alle verfügen über Allwetterflughäfen.

Schnitzkunst der Maori: Kriegsboot

Neuseeländischer Alltag

Vor und nach der Arbeit spielt sich das Leben der Neuseeländer vor allem im und ums Haus ab. Über drei Viertel aller Wohnbauten sind Einfamilienhäuser. Im Mittelpunkt des Hauses stehen das Wohnzimmer, das Esszimmer und die Küche, die in neueren Häusern oft fast übergangslos angeordnet sind. Die zahlreichen Fenster reichen meist bis zum Boden. Diese Hauptwohnfläche wird, besonders im wärmeren Norden, durch Veranden und ausgedehnte Terrassen ins Freie fortgesetzt. Dadurch ergibt sich ein weiter Raum, in dem man sich frei bewegen und eine große Zahl Besucher empfangen kann. Viel Gewicht legt man auch auf eine großzügige Aussicht auf das Meer oder den Busch, was den Wert des Hauses erhöht. Geheizt wird in den kühleren Monaten elektrisch, mit Gas oder in Holz- und Kohleöfen und offenen Kaminen. Im Bett hat man eine Heizmatratze, die vor allem dazu beiträgt, die Feuchtigkeit zu vertreiben. Allerdings neigen besonders die Aucklänger dazu, den Winter zu ignorieren, und ziehen einfach einen zusätzlichen Pullover an. Fernsehapparate finden sich in praktisch jedem Haus, und das Fernsehen dominiert das alltägliche Leben nach dem Abendessen.

Über 90 Prozent aller Haushalte sind mit elektrischem Kochherd, Kühlschrank, Waschmaschine, Telefon und Fernsehen ausgestattet. Eine im Hinblick auf das feuchte Klima besonders nützliche Einrichtung ist der «Heißwasserschrank», der *hot water cupboard*, in dem sich neben dem Boiler Gestelle befinden, auf denen Kleider und Wäsche trocken gehalten, Joghurt selbst hergestellt oder Sojabohnen zum Sprießen gebracht werden können.

Weniger als ein Viertel aller Wohnstätten in Neuseeland ist gemietet, der Rest ist entweder Eigentum der Bewohner oder wird durch Abzahlung einer Hypothek im Lauf von 20 bis 30 Jahren erworben. Ein eigenes Haus auf einem Stück Land ist noch immer der Wunsch der meisten Neuseeländer, auch wenn jetzt immer mehr auch Appartments oder Reiheneinfamilienhäuser – *town houses* – angeboten werden. Man erwirbt entweder ein bereits bestehendes Haus, das man an Wochenenden umbaut oder renoviert, oder man lässt ein neues bauen. Haus und Boden werden als Investition betrachtet und entsprechend leicht und schnell zugunsten von etwas Besserem verkauft. Eine Gefühlsbindung an die Scholle ist, wenigstens bei den Pakeha in der Stadt, eher die Ausnahme als die Regel. So zieht man denn in vielen Fällen einige Male um. Einen guten Einblick in die Innenausstattung neuseeländischer Häuser erhält man leicht, wenn man an Wochenenden zum Verkauf angebotene Häuser besucht. Sie sind auf der Straße durch das Schild «*open house*» gekennzeichnet. Auch wer kein Haus erwerben will, kann sich solche Häuser ohne weiteres ansehen.

Nicht weniger wichtig als das Haus ist der Garten, wo dank des günstigen Klimas alles schnell gedeiht. Zitrus- und Passionsfrüchte, Feigen und Tamarillos wachsen in den Vorortsgärten des Nordens neben Tomaten, Äpfeln und Pflaumen. Das Grün der Bäume und Sträucher lockt die Vögel an. Besonders im Sommer dient der Garten auch gesellschaftlichen Anlässen. Dann erfüllt oft der Geruch von gegrilltem Fleisch die Gegend. Haustiere, besonders Katzen und Hunde, gehören zu fast jedem Haus.

Eine Automobilgesellschaft

Über vier Fünftel aller Haushalte besitzen ein oder gar mehrere Autos. Die Neuseeländer sind eine ausgesprochene Automobilgesellschaft.

Ein Leben ohne eigenes Transportmittel ist in den größeren Städten und auf dem Land kaum vorstellbar. Mit dem Auto fährt man zur Arbeit, bringt man die Kinder zur Schule oder zu Veranstaltungen, macht man Einkäufe und Ausflüge.

Die öffentlichen Verkehrsmittel auf der Straße und der Schiene sehen sich wegen der geringen Bevölkerungsdichte und der Ausdehnung der Städte vor große Probleme gestellt. Ihre Netze sind relativ klein, die Gebühren hoch, die Zahl der Fahrten besonders abends und an Wochenenden gering, und die meisten Linien verbinden die Vororte lediglich mit dem Stadtzentrum. Man sieht deshalb während der Stoßzeiten in den Großstädten Tausende von Autos, in denen sich meist nur eine Person zur Arbeit oder nach Hause begibt. Auf den Stadtautobahnen in Auckland fährt man jeweils im ersten oder zweiten Gang oder steht ohnehin still.

Besondere Probleme ergeben sich für junge Leute, die einander besuchen oder zusammen ausgehen wollen und kein Auto haben, obwohl bereits im Alter von 15 Jahren der Führerschein erworben werden kann. Auch ältere Leute können, wenn sie ihr gesellschaftliches Leben nicht weitgehend reduzieren oder auf andere angewiesen sein wollen, kaum auf das Autofahren verzichten, und man sieht sie nicht selten verängstigt hinter ihrem Steuerrad im rauhen Stadtverkehr.

Das Auto ist in Neuseeland kein Luxusartikel, sondern eine notwendige und leider kostspielige Angelegenheit. Da ein neuer Mittelklassewagen nicht viel weniger als ein durchschnittliches Bruttojahresgehalt kostet, sieht man überall riesige Gebrauchtwagenmärkte und eine relativ große Zahl von alten Modellen auf den Straßen. Mit der Fahrdisziplin und Rücksichtnahme steht es leider nicht zum Besten. Es erstaunt immer wieder, wie normalerweise freundliche und rücksichtsvolle Leute ihr Verhalten zum Negativen ändern, sobald sie hinter dem Steuerrad sitzen. Neuseeland hat im Verhältnis zum Verkehrsvolumen und im Vergleich mit anderen Ländern eine traurig hohe Unfallquote.

Holzschnitzkunst der Maori: Feuerpflüger

Freizeit

Wir haben bereits früher erwähnt, dass die enge Tuchfühlung mit der Natur und der Aufenthalt im Freien weitgehend das Leben in Neuseeland bestimmen. Dies kommt besonders am Wochenende und in den Sommerferien (zur Weihnachtszeit) zum Ausdruck, wenn der große Exodus aus den Städten an die Strände oder in die Berge beginnt. Neuseeländer genießen schon seit 1935 die Fünftagewoche, was in einem lange Zeit vorwiegend auf Landwirtschaft ausgerichteten Land erstaunen mag. Das Wochenende wird vor allem für gesellschaftliche, sportliche und kulturelle Betätigungen genutzt sowie zur Arbeit am Haus oder im Garten. Im Gegensatz zur Innenstadt herrscht dann im Vorort emsiger Betrieb. Häuser werden gestrichen, Zäune und Terrassen errichtet, Autos gewaschen und im Garten Gemüse und Bäume angepflanzt. Kettensägen, Zementmischer und vor allem Rasenmäher bilden dazu die Geräuschkulisse. Diese Arbeiten sind für die meisten eine angenehme Abwechslung. Zudem lassen sich dadurch die hohen Kosten für Handwerker weitgehend einsparen. Gebrauchtwaren werden im Vorortszentrum oder gleich an der Haustür verkauft, ausgetauscht oder versteigert. Geschäfte, die sich auf Freizeitgeräte und -beschäftigung spezialisieren, sind auch am Wochenende geöffnet und erfreuen sich besonderen Zulaufs. Frauen verkaufen selbst gemachte Produkte an Ständen im Einkaufszentrum, und Kinder gehen von Haus zu Haus und sammeln Geld für wohltätige Zwecke.

Während mehrtägige Wanderungen den Sommerferien vorbehalten sind, werden die Wochenenden für kürzere Ausflüge zu Land oder zu Wasser benützt. Die Mastenwälder etwa in Aucklands Bootshafen zeugen davon, dass jeder achte Neuseeländer ein eigenes Boot besitzt. Picknicks im Freien, oft von Klubs organisiert, finden das ganze Jahr über statt. Gegen Abend werden die Kühlboxen geöffnet, und man genießt ein ausgiebiges Nachtessen im Freien. An Wochenenden im Spätsommer werden landwirtschaftliche Veranstaltungen durchgeführt. Zu diesen gehören etwa Viehprämierungen, Ausstellungen landwirtschaftlicher Maschinen und hausgemachter Esswaren, Jahrmärkte und nicht zuletzt die beliebten Holzsäge- und Schafscherwettkämpfe.

Sport

Ihre freie Zeit widmen Neuseeländer besonders gern dem Sport, der vor allem bei jungen Männern einen wichtigen Stellenwert einnimmt. Oft werden, etwa bei wichtigen Rugby- oder Kricket-Wettkämpfen, die angekündigten Sendungen im Fernsehen einfach zugunsten stundenlanger Sportübertragungen gestrichen. Sport wird nicht zu Unrecht als eine Art Religion in Neuseeland angesehen, die allerdings in den jüngsten Jahren etwas an Glanz verloren hat. Erfolge im Sport bringen Anerkennung des Einzelnen oder des Teams in der Gesellschaft. Als die Neuseeländer 1995 den «America's Cup» im Segeln gewannen, bereiteten hunderttausende den siegreichen Sportlern bei ihrer Rückkehr einen triumphalen Erfolg. Wer nicht aktiv mitmacht oder zu den älteren Jahrgängen gehört, ist wenigstens begeisterter Zuschauer. Internationale sportliche Wettkämpfe, an denen Neuseeländer teilnehmen, bilden ein wichtiges Gesprächsthema in Läden, am Arbeitsplatz und auf Partys. Berichte darüber erhalten in den Zeitungen, am Radio und im Fernsehen meist einen ebenso prominenten Platz wie etwa ein für das Land viel lebenswichtigerer Abschluss zum Verkauf von Lammfleisch. Es erstaunt deshalb nicht, dass an angesehenen Mittelschulen für die Körperertüchtigung und den Teamsport, besonders das Rugbyspiel, viel Zeit aufgewendet wird. Die Wettkampfeinstellung bestimmt vielfach auch das Alltagsleben: Sportliche, aber auch kulturelle Leistungen haben fast ausnahmslos Wettbewerbscharakter. In der Schule wollen die jungen Neuseeländer immer wieder wissen, wie sie im Vergleich zu ihren Klassenkameraden «eingestuft» werden.

Das beliebteste Mannschaftsspiel ist Rugby, das mit heiligem Eifer betrieben und weitherum als Teil einer guten Erziehung und Charakterschulung betrachtet wird.

Großer Beliebtheit erfreuen sich aber auch Fußball und Kricket, und, da Wasser und Wind allgegenwärtig sind, der Wasser- und Segelsport. Während Rugby als Wintersport gilt, überwiegt im Sommer die individuelle Sportbetätigung. Surfing und Schwimmen sind besonders im Norden beliebt. Über 60 000 Läufer und Jogger beteiligen sich in Auckland jeweils im März am *Round-the-Bays-Run* und legen nach einem Massenstart eine zwölf Kilometer lange Strecke auf dem Tamaki Drive, Aucklands wohl schönster Straße entlang dem Meer, zurück.

Hinzu kommen Sportarten wie Alpinismus, Skifahren, Golf, Jagen und Fischen. Auf fein gepflegtem Rasen spielt die ältere Generation in weißen Kleidern und Strohhüten Bowling. Zu allen diesen Sportarten gehören natürlich auch gesellige Zusammenkünfte in den Klubhäusern. Beliebt ist auch der Besuch von Sportzentren, wo Aerobic und andere Sportarten gepflegt werden. Neuseeländer sehen sportliche Betätigung als einen wichtigen Teil des Lebens, übertun sich dabei aber oft: Sportverletzungen kosten das Land Millionen von Dollar.

Ein besonderes sportliches und gesellschaftliches Ereignis bilden die Pferderennen, die meist erst am späten Abend abgehalten werden. Wer nicht dabei sein kann, verfolgt am

Missionskirche in der Kolonialzeit Neuseelands

Radio den Kommentar. Wetten mit zum Teil beachtlichen Einsätzen gehören ebenfalls zu den Pferderennen.

Trotz dieser sportlichen Aufgeschlossenheit hängt der Neuseeländer an seinem Auto. Sport wird an bestimmten, dazu vorgesehenen Orten betrieben, zu denen man im Auto hinfährt. Selbst für den Einkauf im nahe gelegenen Laden wird es benützt. Besonders Menschen der mittleren und älteren Generation bewegen sich außerhalb ihres Hauses und ihres Gartens nur noch wenig. Doch die beliebte Arbeit im Garten sorgt gleichsam für körperliche Betätigung, ebenso improvisiertes Kricket oder Handball spielen auf dem Sandstrand am Meer.

Die Kirche

Der Sonntag ist im Vergleich zum von mannigfachen Aktivitäten erfüllten Samstag ein ruhiger Tag, der vor allem kleineren Ausflügen und dem Besuch von Freunden gewidmet wird. Zwar nehmen Gebete in vielen Schulen immer noch einen wichtigen Platz ein, doch steht die geringe Zahl der Kirchgänger im umgekehrten Verhältnis zur Vielzahl der Kirchen, die man überall im Land sieht.

Staat und Kirche sind getrennt. Etwas über die Hälfte der Neuseeländer bezeichnet sich als Anglikaner, Presbyterianer oder Römisch-Katholiken. Die andere Hälfte verteilt sich auf unzählige kleinere Konfessionen, auf die beträchtliche Zahl von Atheisten und Agnostikern sowie auf solche, die ihre Religion bei Volkszählungen nicht angeben, da dies nicht obligatorisch ist. Es ist deshalb schwierig, genauere Angaben über die konfessionelle Zusammensetzung der neuseeländischen Bevölkerung zu machen.

Gesellschaftliches Leben

In den Zentren der Großstädte oder der Vororte herrscht an Wochenendabenden reger Betrieb. Allerdings begibt man sich meist nicht einfach zu einem Bummel dorthin, sondern mit einem bestimmten Ziel: Man geht ins Kino, Konzert oder Theater, zu einem Anlass in einen der vielen Klubs oder besucht ein Restaurant.

Das gesellschaftliche Leben der Neuseeländer spielt sich jedoch vor allem in den Privathäusern ab, wo man sich gegenseitig zu *Dinner Parties* einlädt. Wenn mehr Gäste als Sitzgelegenheiten vorhanden sind, sitzt oder liegt man ungezwungen am Boden. Die Gespräche drehen sich je nach Interesse und Beruf der Gäste um Sport, Autos, Politik und Lebensgestaltung. Da es auch in den größten Städten meist nur eine Tageszeitung gibt, haben die meisten der Anwesenden die gleichen Berichte gelesen. Oft entspinnt sich eine angeregte Diskussion über die verschiedensten Themen. Wo sich junge Leute treffen, ertönt weithin Popmusik. Und wo sich vornehmlich Einwanderer treffen, dreht sich die Diskussion immer wieder um den Vergleich zwischen den entsprechenden «Heimatländern» und Neuseeland!

Partys werden auch am Arbeitsplatz veranstaltet. Mit einem Glas in der Hand steht man in kleinen Gruppen zusammen oder wird «herumgereicht» und allfälligen Gästen vorgestellt.

Das Pub dient vor allem nach Arbeitsschluss weiten Kreisen als Treffpunkt. Die traditionellen neuseeländischen Pubs sind nicht so klein und gemütlich wie in Großbritannien, sondern oft große, hallenartige Räume, wo hauptsächlich Bier getrunken wird, das in großen Krügen an der Bar gekauft werden kann. Obwohl diese Art von Trinkstätten weiter existiert, haben die Wirtschaftsreform und der Tourismus auch hier Veränderungen gebracht: man findet nun auch kleine, gemütliche Pubs, Restaurants oder Bistros in verschiedenen Vororten, wo man sich auf ein Gläschen Wein oder zu einem Bier treffen kann. Da man meist in Pubs oder im Haus von Bekannten trinkt und dann mit dem Auto nach Hause fahren muss, stellt die Trunkenheit am Steuer für Neuseeland ein ernstes Problem dar.

Ein großer Teil des gesellschaftlichen Lebens findet in den Klubs statt. Diese reichen von Einwandererklubs (wie dem «Swiss Club», «German Club», «Austrian Club») bis zu den Rotariern. Die gesellschaftliche Stellung ist dabei weniger wichtig als ähnliche Interessen, der frühere gemeinsame Besuch einer Schule oder, im Falle von Einwanderern, das gleiche Herkunftsland.

Typisch für das gesellschaftliche Leben Neuseelands ist das Engagement in Komitees und Unterkomitees, von der «großen» Politik bis zum Schulbasar, in denen organisiert, klassifiziert, reguliert und verwaltet wird. Das ermöglicht es weiten Kreisen, an Entscheidungsprozessen teilzunehmen, gleichzeitig aber bei besonders heiklen Fragen in der Anonymität des Komitees zu verharren.

Das Leben im Vorort ist in Neuseeland keineswegs frei von Problemen. Bei Teenagern äußert sich dies gelegentlich in Langeweile, Vandalismus, Einbrüchen und der Bildung von Banden sowie einer verhältnismäßig hohen Selbstmordrate. Viele Kinder verlassen das Elternhaus recht früh, zwischen dem 17. und 20. Lebensjahr. Sie leben dann oft mit Gleichaltrigen in gemieteten Häusern oder Wohnungen, von wo sie zur Arbeit oder zum Studium gehen. Wenn sie heiraten, bilden sie eine neue Kleinfamilie in einem Einfamilienhaus. Wie in den meisten Ländern der Neuen Welt besteht auch in Neuseeland ein ausgesprochener Jugendkult: Es gibt eine stattliche Zahl junger Manager und Parlamentarier; Ansichten, Leistungen und Ratschläge der Jahrgänge über 50 werden oft als «nicht mehr zeitgemäß» abgetan.

Der *typische* Neuseeländer — die *typische* Neuseeländerin

Die neuseeländische Gesellschaft ist heute viel weniger einheitlich als noch vor zwanzig oder sogar vor zehn Jahren, und Verallgemeinerungen werden ihr nicht gerecht. Das Bild des viktorianischen Neuseeland hat sich besonders

Maori-Fürst anfangs des 19. Jh.

seit den Siebzigerjahren gewandelt, was unter anderem auf den verstärkten Selbstbehauptungswillen der Frauen und der Maori sowie auf intensivere internationale Kontakte zurückzuführen ist. Geheiratet wird heute älter als früher, und besonders in den Städten gibt es relativ viele allein stehende oder geschiedene Menschen oder sogenannte *one parent families* (Familien mit nur einem Elternteil). Der Unterschied zwischen Arm und Reich ist größer geworden, und nicht selten fühlen sich die Menschen von den einschneidenden Veränderungen der vergangenen zehn Jahre überfordert oder verunsichert.

Ausländische Touristen lassen sich oft über den «fehlenden Stress» in Neuseeland aus, doch der Schein trügt. In manchen Berufen herrscht aufgrund von Personaleinsparungen und Finanzknappheit sogar ein ausgesprochener Stress, was aber Neuseeländer gegenüber Außenstehenden nicht gern hervorheben. In den vergangenen Jahren hat sich, besonders in den größeren Städten, eine vermehrte Hektik und gelegentlich auch eine Intoleranz gegenüber anderen verbreitet.

Es ist jedoch immer noch sehr leicht, mit Neuseeländern aller Schichten ins Gespräch zu kommen und von ihnen nach Hause eingeladen zu werden. Ihre Hilfsbereitschaft, Unkompliziertheit und das weitgehende Fehlen von Snobismus erleichtern den Kontakt. Allerdings ist es schwieriger, tiefer gehende Freundschaften zu schließen, und das englische Wort *friend* übersetzt man am besten mit «Bekannte(r)». Neuseeländerinnen wirken im Allgemeinen gelöster als ihre männlichen Kollegen. Letztere bemühen sich vielfach, ihren Gefühlen der Freude, des Leidens oder auch des Genießens nicht allzu offen Ausdruck zu geben. Man vermeidet es auch, über Unangenehmes zu sprechen. Ebenso langweilt man seine Bekannten auch nicht mit den eigenen Krankheiten und Gebrechen und kommentiert und klatscht im Allgemeinen über andere Leute und deren Aussehen weniger als in Europa. Touristen gegenüber sind die meisten Neuseeländer, vor allem auf privater Basis, sehr freundlich und hilfsbereit. Allerdings muss man sich vergegenwärtigen, dass es von der Tradition her keine eigentliche «Bedienungskultur» gibt, was gelegentlich als «mangelnder Service» aufgefasst wird.

Auch heute noch lassen sich in der neuseeländischen Gesellschaft zwei historisch geprägte Grundhaltungen leicht erkennen: sowohl eine stark humanitäre wie auch eine aggressive, dem Materialismus verpflichtete Einstellung. Trotz einer ursprünglich ländlich-konservativen Einstellung und einer Tendenz zur Bürokratisierung in Staat und Beruf, sind die Neuseeländer aber in der privaten Sphäre ausgesprochene Individualisten, die von Einwohnerkontrolle und Identitätskarten nichts wissen wollen. In ihrer Mitte findet sich genügend Platz für ungewöhnliche Lebensauffassungen und Lebensstile.

Typischster Neuseeländer: Mount-Everest-Bezwinger Edmund Hillary

An erster Stelle wird als typischer Neuseeländer immer wieder Sir Edmund Hillary (geb. 1919) genannt, ein sportlicher Typ (Erstbesteigung des Mount Everest), der etwas wagt und tüchtig zugreift, anderen beim Aufbau einer Existenz hilft (Entwicklungshilfe in Nepal) und trotz (!) intellektueller Neigungen ein «Mann des Volkes» geblieben ist. Hillary selber nannte seine Autobiographie *«Nothing Venture Nothing Win»* («Wer nichts wagt, gewinnt nichts»). Hillarys Porträt findet sich übrigens auf der 5-Dollar-Note.

Einen guten Einblick in «typische Neuseeländer» gibt auch eine Serie von Briefmarken über prominente Neuseeländer, die 1995 herausgegeben wurde. Die fünf Auserwählten wurden aufgrund von Umfragen auf «Wahllisten» ausgewählt, an denen jeder Einwohner teilnehmen konnte. Das Rennen machten die folgenden sechs Neuseeländer: Die weltbekannte Opersängerin Kiri Te Kanawa (geb. 1944); Charles Upham (geb. 1908), einer der meistdekorierten Soldaten des Zweiten Weltkrieges; der populäre, humoristische Schriftsteller Barry Crump (geb. 1935); Brian Barratt-Boyes (geb. 1924), ein weltbekannter Herzspezialist; die 1994 verstorbene, allseits respektierte Maori-Älteste Whina Cooper und der beliebte und erfolgreiche Kricketspieler Richard Hadlee (geb. 1951).

Arbeit und Einkommen

Die große Mehrheit der arbeitenden Bevölkerung gehört zu den Lohnempfängern, deren Steuern direkt vom Einkommen abgezogen werden. Das Durchschnittseinkommen in Neuseeland betrug Mitte der Neunzigerjahre ungefähr NZ$ 30 000. Von diesem Betrag müssen noch 24 Prozent direkte Steuern bezahlt werden (der Höchststeuersatz beträgt 33 Prozent), dazu kommen noch 12,5 Prozent Warenumsatzsteuer (GST), die auch Touristen automatisch bezahlen. Damit steht das Einkommen der Neuseeländer am unteren Ende der OECD-Länder und beträgt etwas mehr als die Hälfte dessen, was man etwa in Deutschland in vergleichbaren Berufssparten verdient, wobei aber nicht alles auch billiger ist als in Deutschland. Die Folge davon ist, dass in über einem Drittel aller Familien Mann und Frau voll berufstätig sind, anderseits Neuseeland für ausländische Besucher ein billiges Reiseland sein kann.

Ein Familieneinkommen von etwa 50 000 Dollar (brutto) erlaubt – gemessen an den Lebenskosten – ein einigermaßen komfortables Leben ohne Extravaganzen. Auch muss berücksichtigt werden, dass man im hiesigen physischen und sozialen Klima keine große Menge Güter (etwa Kleider) besitzen muss, um bequem existieren zu können. Für besondere Anschaffungen sowie für das bei den Neuseeländern so beliebte Reisen wird freizügig von Krediten Gebrauch gemacht.

Die Sozialdienste, insbesondere die staatliche Pension, das garantierte Anrecht auf Ferien sowie die Arbeitsbedingungen überhaupt, sind viel weniger großzügig als in Westeuropa und gleichen eher den Verhältnissen in den USA.

Im Vergleich zu den Verhältnissen in Kontinentaleuropa wechseln Neuseeländer – sofern es die Marktlage erlaubt – relativ oft und gern ihren Arbeitsplatz und versuchen sich in den verschiedensten Berufen. Erlernt wird das neue Metier meist erst

Holzschnitzkunst der Maori: Tabakpfeife (19. Jh.)

nach Antritt einer Stelle. Dies fördert einerseits Vielseitigkeit und Flexibilität, verhindert anderseits aber nicht selten eine gründliche Berufsausbildung.

Ein Blick in die Küche

Das Angebot an Konsumgütern ist in Neuseeland kaum geringer als in Westeuropa. Vor allem Neuseelands landwirtschaftliche Produkte sind erstklassig. Davon zeugt nicht nur das vorzügliche Essen, das an den beliebten *Dinner Parties* serviert wird, sondern auch die Neigung vieler Neuseeländer zu Übergewicht! Neuseeländer konsumieren mehr Rind- und Schaffleisch (58 Kilogramm pro Person und Jahr) als die Menschen in den übrigen OECD-Ländern. Besonders beliebt sind bei Maori und Pakeha auch Meeresfrüchte und Fische. Lammfleisch findet der Tourist seltener auf den einheimischen Speisekarten, als es die vielen Schafe vermuten ließen. Eiscreme ist besonders populär, und angeblich geben Neuseeländer 100 Millionen Dollar pro Jahr dafür aus.

Abgesehen vielleicht von der Meringue-Torte *Pavlova* (kurz *Pav* genannt) und einigen Arten von Muschelsuppen, etwa *Toheroa*-Suppe, gibt es keine eigentlichen neuseeländischen Nationalgerichte. Neuseelands Frauen unternehmen aber liebend gerne kulinarische Experimente mit allen möglichen einheimischen und exotischen Zutaten. Die vielen Kochbücher auf den Bücherregalen der Haushaltungen zeugen davon!

Im Grunde genommen ist die neuseeländische Küche eine internationale. In Restaurants und bei den beliebten Partys zu Hause wird der Besucher von exquisiten chinesischen Speisen bis zu traditionellen *fish and chips* alles vorfinden, je nach Vorliebe der Köchin oder des Kochs (viele Männer kochen selber oft und gerne).

Unbedingt versuchen sollte der an einheimischer Kost interessierte ausländische Besucher die feinen Lammspeisen, die Süßkartoffel *kumara*, die verschiedenen Meeresfrüchte und natürlich ein von den Maori in einem Erdofen zubereitetes *Hangi*, das meist aus Kartoffeln, Süßkartoffeln, Kürbis, Markkürbis, Rind-, Schweine-, Schaf- und Hühnerfleisch mit Füllung besteht. Die Nahrung wird in feuchte Tücher verpackt, auf heiße Steine in den Boden gelegt, mit Erde zugedeckt und ein paar Stunden gedünstet. Dann wird die fertige Mahlzeit herausgeholt und serviert. Natürlich ist ein solches *Hangi* keine alltägliche Mahlzeit, sondern wird vor allem auf Partys oder bei Festlichkeiten zubereitet. Die Qualität des Essens hängt entscheidend von der Erfahrung der Köche ab.

Auch der Weinliebhaber wird auf seine Rechnung kommen. Vor allem in der Nähe von Auckland, in der Gegend von Gisborne und Hawke's Bay und im Norden der Südinsel kann man Weingüter besichtigen und die verschiedenen Weine probieren. Nicht wenige Winzer sind dalmatinischer Herkunft oder stammen ursprünglich aus dem deutschsprachigen Europa. Mehrere Wein-Reiseführer sind in lokalen Buchhandlungen erhältlich.

Weniger einladend ist zuweilen das Essen, das man im einzigen «Restaurant» einer kleinen Ortschaft auf dem Land oder in einer Mensa bekommen kann und das einen an das England der Fünfzigerjahre erinnert! In einer solchen Situation hält sich der Textautor jeweils an die Devise: Tee und ein *toasted sandwich* oder *fish and chips* – da kann nicht viel schief gehen!

Auf dem Land

Das Leben im und ums neuseeländische Farmhaus unterscheidet sich nicht wesentlich von dem in der Vorstadt, außer dass das Haus oft in beträchtlicher Entfernung vom nächsten Ort liegt, auf den man angewiesen ist, wenn man Geschäfte und ein Pub besuchen oder an Viehmärkten und landwirtschaftlichen Messen teilnehmen will.

Einige Farmer wohnen in hübschen, alten Häusern aus der Pionier- und der viktorianischen Zeit, doch ist das Farmhaus im Allgemeinen eine Kopie des Vorstadthauses mit etwas mehr Wohnfläche. Oft befindet es sich auf einer Anhöhe, von wo aus die ganze Farm leicht überblickt werden kann. Wo keine Wasserleitungen bestehen, wird Regenwasser in Tanks gespeichert.

Endlich unabhängig dank Subventionsentzug

Im Unterschied zur Großstadt ist das Leben auf dem Land geprägt von einer eher konservativen, aber praktisch veranlagten Gesellschaft von «Machern». Jeder kennt jeden, und man trifft sich auf verschiedensten Anlässen. Die Kinder werden in Bussen zum Schulhaus gebracht oder auf dem Korrespondenzweg unterrichtet. Später besuchen viele von ihnen die Universität. Seit im Gefolge der Wirtschaftsreform der Landwirtschaft die Subventionen weitgehend entzogen wurden, haben jedoch viele Farmer während einiger Jahre harte Zeiten durchleben müssen. Seither sind sie aber wirklich «unabhängig» geworden und verlangen nun, dass auch die europäischen Bauern auf ihre Subventionen verzichten!

Nur etwa 15 Prozent der neuseeländischen Bevölkerung wohnen gemäß Statistik «auf dem Land». Die Abwanderung in die Städte hat Probleme geschaffen: Landschulen und kleinere Molkereibetriebe werden geschlossen und Farmen zusammengelegt. Doch gibt es auch eine umgekehrte Bewegung von der Stadt aufs Land, unter anderem auf private landwirtschaftliche Kommunen oder Kleinfarmen. Letztere, sogenannte *farmlets*, widmen sich neben bescheidener Tierhaltung oft der Weberei und der Töpferei.

Landwirtschaft: 80 000 Farmen

Etwas über die Hälfte der gesamten Landfläche des Landes entfällt auf landwirtschaftlich genutztes Land oder Waldpflanzungen. Es gibt in Neuseeland etwa 80 000 Tier-, Obst- und Gemüsefarmen, doch sind nur etwa zwölf Prozent der arbeitenden Bevölkerung in der Landwirtschaft beschäftigt. Dies ist umso erstaunlicher, wenn man bedenkt, dass die Farmen immer noch ein Grundelement der Wirtschaft und damit der Existenz der Neuseeländer sind. Geht es den Farmern gut, so geht es auch dem Land gut. Früher entfielen über 60 Prozent der Exporte auf Wolle, Milch- und Fleischprodukte, heute sind es nur mehr 40 Prozent. Dafür hat der Export von Holz sowie von Obst und Gemüse entsprechend zugenommen. Etwa 90 Prozent der gesamten neuseeländischen Woll-, Milch- und Lammfleischproduktion werden exportiert. Neuseeland ist der größte Schaffleischexporteur und der viertgrößte Rindfleischexporteur der Welt.

Zur Zahl der direkt in der Landwirtschaft Beschäftigten kommen jene hinzu, deren Tätigkeit indirekt mit der Landwirtschaft verbunden ist, nämlich die Arbeiter in den Schlacht- und Kühlhäusern, den Molkereien und in den Produktionsstätten landwirtschaftlicher Maschinen und Düngemittel sowie in den Häfen, wo die Produkte verschifft werden, Advokaten, die Landverkäufe regeln, Bankangestellte, Lehrer in den auf Landwirtschaft spezialisierten Schulen und so weiter.

Die meisten der etwa 60 000 neuseeländischen Tierfarmen umfassen zwischen 50 und 300 Hektar Land und sind in Privatbesitz. Großfarmen, sogenannte *stations*, umfassen mehrere tausend Hektar und finden sich vor allem im Hochland der Südinsel *(High Country Stations)*. Nicht nur beste Qualität, sondern vor allem auch Quantität garantiert den Farmern ihr Einkommen. Damit es sich rentiert, müssen auf einer Milchfarm etwa 100 bis 200 Kühe und auf einer Schaffarm mehrere tausend Schafe gehalten werden.

Die Farmen sind weitgehend mechanisiert. Die Tiere brauchen wegen des milden Klimas nicht in Stallungen untergebracht zu werden, das Gras wächst schnell und in vielen Gebieten fast während des ganzen Jahres. Die meisten Farmen werden von nur einer Familie betrieben. Die Farmer verkörpern neuseeländisches Unternehmertum im besten Sinne.

Mit Neuseeland verbindet sich oft die Vorstellung einer riesigen Farm. Tatsächlich bewirken die vielen grünen Hügel mit den vereinzelten Wäldchen und Baumgruppen den Eindruck eines allumfassenden Bauernbetriebs. Etwas über die Hälfte des Landes ist Farmland oder aufgeforstetes Land. Das feuchtwarme Klima hat die Wirkung eines Treibhauses. Doch der Boden war ursprünglich keineswegs überall fruchtbar, und wirksame Düngemittel und Methoden zu seiner Verbesserung mussten entwickelt werden. Das sogenannte *top-dressing*, das Düngen aus der Luft, wurde in Neuseeland vervollkommnet: Flugzeuge starten von kurzen Graspisten und streuen in oft wagemutigen Flügen Kunstdünger – meist Superphosphate – über das Weideland.

Wer zählt die 50 Millionen Schafe?

Zu Beginn der Achtzigerjahre gab es in Neuseeland 50 Millionen Schafe. Dies ergibt, wie oft scherzhaft hinzugefügt wird, 14 Schafsköpfe auf einen menschlichen! Hinzu kommen etwas weniger als vier Millionen Milchkühe und fünf Millionen Masttiere. Die verschiedenen Schaf- und Rinderrassen sieht der Reisende aber nicht nur auf der Fahrt durch das Land: Im «Agrodrome» bei Rotorua und im «Cattledrome» in Queenstown (und in kleinerem Rahmen auch anderswo) steigen die Tiere auf Podien, wo sie sich mehr oder weniger graziös dem Publikum präsentieren und wo die Vorzüge der einzelnen Rassen fachkundig erklärt werden.

Milchfarmen findet man besonders auf der Nordinsel, in den Regionen Taranaki, Waikato und Northland. Sie umfassen gewöhnlich zwischen 80 und 100 Hektar und halten zwischen 100 und 200 Milchkühe. Ihr typischstes Kennzeichen ist der etwas abseits des Farmhauses stehende *milking shed*, ein offener Schuppen aus Blech, wo ein Landarbeiter mit modernsten Einrichtungen in der Minute eine Kuh melken kann. Die Milch wird in Tanks gepumpt und täglich von Lastwagen, die wie Benzintankwagen aussehen, abgeholt und zur nächsten Molkerei geführt. Dort werden Butter, Käse, Kasein und Milchpulver hergestellt.

In höheren Lagen wird oft die Schaf- mit der Rinderzucht verbunden. Auf einer Farm von etwa 400 Hektar können dort ungefähr 1800 Schafe und 200 Rinder gehalten werden. Auch Hirschfarmen wird der Besucher oft zu sehen bekommen.

Auf vielen Farmen kann man kleinere Häuschen *(cottages)* mieten, in einem Flüsschen fischen oder schwimmen, über die riesigen

Weideflächen oder im Busch wandern, Reiten, Mountainbike fahren, an der Arbeit auf der Farm teilnehmen und auf diese Weise einen Einblick in den wichtigsten «Industriezweig» des Landes gewinnen.

Die High Country Stations

Im Hochland der Südinsel findet man eine besondere Art von Schaffarmen, die *sheep stations*, die riesige Flächen einnehmen, aber doch so weit «motorisiert» sind, dass nur wenige Familienmitglieder eine solche Station betreiben können. Zum Schafscheren oder für das sogenannte *mustering* (das Zusammentreiben der Herde) werden spezielle Teams von Leuten beigezogen. Hunde leisten unentbehrliche Dienste beim Zusammentreiben der Tiere zum Scheren. *Eye-dogs* helfen durch Augenhypnose bei der Verschiebung einzelner Tiere oder kleiner Gruppen von Schafen, während mehrere *huntaway*-Hunde beim *mustering* mit viel Gebell die ganzen Herden in eine bestimmte Richtung treiben.

Manche der riesigen *High Country Stations* widmen sich auch der Rinderhaltung. Ein besonders eindrückliches Beispiel ist Neuseelands größte solche Station, die fast 200 000 Hektar umfassende *Molesworth Station* im Norden der Südinsel, wo ausschließlich Rinder gehalten werden. Im Januar und Februar kann man jeweils auf einer engen, staubigen Straße durch diese Großfarm fahren. Auch für eine Mountainbike-Fahrt eignet sich diese Straße von Hanmer Springs nach Blenheim. Eindrücklich sind die aride Landschaft, die kahlen Bergabhänge und die Sträucher und Blumen, die an Halbwüsten erinnern. Auf dem Gebiet dieser Station befinden sich auch gut erhaltene historische Gebäulichkeiten, die Einblick in das Leben früherer Zeiten geben. So etwa das *Acheron House* am gleichnamigen Fluss, das ursprünglich als Unterkunft für Schafhirten und sogenannte *drovers* (Viehtreiber) errichtet wurde.

Landgut bei Auckland Mitte des 19. Jh.

Kiwi & Kiefern

Das bekannteste Weizenanbaugebiet Neuseelands sind die Canterbury Plains bei Christchurch. Im südlichen Otago werden Hafer und Gerste angebaut. Die Getreideproduktion ist aber verhältnismäßig gering. Neuseeland führt eine beträchtliche Menge des benötigten Getreides ein, vorwiegend aus Australien.

Von immer größerer Bedeutung sind hingegen der Gemüse- und Obstanbau. Die darauf spezialisierten Farmen bedecken weniger als zwei Prozent der Landesfläche, versorgen aber nicht nur den Inlandmarkt, sondern exportieren zum Beispiel die Hälfte aller Äpfel und Birnen und die meisten Kiwifrüchte.

Ausgedehnte Gemüse- und Obstpflanzungen befinden sich bei Auckland und in Hawke's Bay bei Napier und Hastings. Sie gehören oft Neuseeländern chinesischer oder indischer Abstammung. Einige Gegenden spezialisieren sich auf eine Sorte, so etwa die Umgebung von Oamaru auf der Südinsel auf Rosenkohl und die Gegend von Motueka bei Nelson auf Tabak und Hopfen.

Während Pflaumen und Aprikosen vor allem im kühleren und trockeneren Otago angebaut werden, widmen sich viele Farmen im Norden subtropischen Früchten. Die im Ausland wohl bekannteste neuseeländische Frucht und führendes Exportprodukt ist die Kiwifrucht, die hauptsächlich in der Gegend von Tauranga an der Bay of Plenty angebaut wird. Die Kiwifrucht, die in Neuseeland verbessert wurde, stammt ursprünglich aus China und hieß *Chinese gooseberry* (Chinesische Stachelbeere).

Neben dem weiteren Gemüse- und Obstanbau ist auch den Waldpflanzungen seit dem Beitritt Großbritanniens zur EU größte Aufmerksamkeit geschenkt worden, und die Forstwirtschaft hat mitgeholfen, die einseitige Abhängigkeit des Landes von Fleisch-, Milch- und Wollexporten abzubauen.

In der Nähe von Rotorua steht Neuseelands größter Kiefernwald. Die Kiefer (Pinus radiata) wächst aufgrund des milden Klimas hier dreimal so schnell wie in ihrer ursprünglichen kalifornischen Heimat und eignet sich deshalb besser für die Nutzung als die viel langsamer wachsenden einheimischen Bäume, die ohnehin immer spärlicher werden. Schnurgerade zieht sich die Straße durch den 4000 Quadratkilometer großen Kaingaroa Forest. Die Kiefern erreichen ihre volle Größe nach etwa 30 Jahren. In den Industriebetrieben von Kawerau wird das Holz zu Papier und Holzschliff verarbeitet oder über den Handelshafen von Tauranga direkt exportiert; Abnehmer sind aber auch Baugeschäfte, von denen einige ihren Hauptsitz in Rotorua haben. Diese von den Neuseeländern *exotic forests* genannten Wälder findet man aber auch anderswo im Land. Die Holzindustrie ist zu einem der wichtigsten Industriezweige und Exporteure geworden. Hauptabnehmer sind Australien und Japan.

Nächstes Textkapitel Seite 161

Kohlbaum (Cabbage Tree)

Thunder Creek Fall im Mount-Aspiring-Nationalpark

nächste Doppelseite: Still und unverbaut: Lake Hawea vor majestätischer Hochgebirgskulisse

Ein paar von den 50 Millionen Schafen, die eine wichtige Rolle in Neuseelands Wirtschaft spielen, auf einer Sheep Station bei Queenstown. Hier bleibt das Weideland fast das ganze Jahr über saftig grün, was wesentlich für das spätere vorzügliche Fleischaroma der darauf grasenden Lämmer ist

Neuseeländische Weine brauchen keinen internationalen Vergleich zu scheuen. Diese Rebstöcke befinden sich bei Queenstown/Otago, dem südlichsten Weinanbaugebiet der Welt

Queenstown: Mit dem 1912 in Dienst gestellten Dampfer «TSS Earnslaw» gelangt man auf dem z-förmigen Wakatipu-See auch zu einigen Hochland-Schaffarmen, die nur vom Wasser her zugänglich sind

unten: Tiefblick von Bob's Peak auf Queenstown, den Lake Wakatipu und die Bergkette der «Remarkables»

Waghalsigkeit im Sucher: Bungee-Jumping von der Kawarau Bridge bei Queenstown

Weniger waghalsig, doch nicht minder abenteuerlich: ein Ausritt in der herbwilden Landschaft Zentral-Otagos

unten: Jet-Boating auf dem Fluss ... nichts für schwache Nerven

nächste Doppelseite: Fjordland-Nationalpark: der Milford Sound, Synonym für die vielen atemberaubenden Landschaftsformen, die Neuseeland zu bieten hat

Wie ein Brautschleier präsentiert sich der gewaltige Bowen Fall am Milford Sound

Ehrfurcht erregende Stimmung über dem Lake Te Anau, dem größten See der Südinsel

unten: Im Fjordland-Nationalpark: Der malerische Boyd Creek Waterfall passiert eine Felsstufe mitten im Regenwald

nächste Doppelseite: Beinahe undurchdringlicher Urwald entlang des Milford Track, einer der schönsten Trekkingpfade auf Erden

«Lands End» bei Bluff: Ein Schilderbaum zeigt die Entfernungen, u. a. bis nach Hamburg! Bei gutem Wetter zeigen sich hier die Umrisse von Stewart Island jenseits der Foveauxstraße (links). Languste statt Hamburger: typische Imbissbude bei Kaikoura an der Ostküste (rechts)

unten: «Fuß vom Gas», denn Kiwis sehen schlecht (links) und eine landestypische «Mailbox» (rechts). Oft zeigen nur solche Briefkästen an, dass Menschen in der Nähe wohnen

Auf Entdeckungsreisen

Will man Neuseeland wirklich kennen lernen, so braucht man erstens ein eigenes Fortbewegungsmittel und zweitens genügend Zeit, um wenigstens einige Gegenden zu erwandern. Öffentliche Verkehrsmittel führen nur den Hauptverkehrsadern entlang und fahren meist nur einmal pro Tag in jede Richtung. Man sieht denn auch, besonders im Sommer, eine große Zahl von Wohnmobilen auf den Straßen, die meist von Ausländern gemietet sind. So hat man die Unterkunft auch gleich dabei, kann praktisch überall übernachten und gelangt zu fast allen Ausgangspunkten für die längeren und kürzeren Wanderwege. Allerdings ist man auf diese Weise auch meist «unter sich» oder zusammen mit anderen Touristen und hat weniger Kontakt mit den Einheimischen. Ist man einmal außerhalb der größeren Städte, so ist der Verkehrsfluss nicht allzu dicht. Wegen der vielfach schlechten Fahrdisziplin tun Besucher gut daran, sich nicht unbedingt auf offizielle Verkehrsregeln zu verlassen. Besondere Vorsicht ist geboten, wenn die riesigen Lastwagen mit Anhängern in übersetztem Tempo dahergerast kommen. Nicht zu Unrecht werden sie in einem deutschsprachigen Reiseführer als «Bomber» bezeichnet!

93 000 gut ausgebaute Straßenkilometer

Neuseeland ist verkehrstechnisch gut erschlossen. Besonders das ausgedehnte Straßennetz von 93 000 Kilometern erlaubt es, fast jede noch so entlegene Ortschaft zu erreichen. In der Nähe der größten Städte gibt es Autobahnen, die vorwiegend dem Pendelverkehr dienen. Straßen in abgelegeneren Gebieten sind gelegentlich noch nicht asphaltiert, oft eng und kurvenreich. Die Fahrt geht langsam voran und ist, besonders in trockenen Sommern, eine staubige Angelegenheit. Dafür führen diese Straßen oft in die malerischsten Gebiete des Landes, wie etwa das Sträßchen von Colville nach Fletcher's Bay im Norden der Coromandel-Halbinsel oder von Hanmer Springs zum Acheron House und Lake Tennyson auf der Südinsel. Auf diesen eigentlichen Landstraßen kommt einem nur selten ein anderes Fahrzeug entgegen. Bei Nachtfahrten tastet man sich durch den einsamen, gespenstischen Busch oder über Weideland, und nur selten taucht das Licht eines Farmhauses auf. Immer wieder erstaunt die Tatsache, in welch kurzer Zeit – seit etwa 1860 – eine kleine Zahl von Menschen das Land praktisch von Grund auf erschlossen hat. Die topographischen Verhältnisse bereiten Schwierigkeiten. Das junge Land steigt und fällt abrupt. Bei jedem größeren Unwetter muss mit Erdrutschen, Überschwemmungen und Verkehrsunterbrechungen gerechnet werden. Die Unterhaltskosten des Straßen- und Bahnnetzes sind daher beachtlich.

Die Maori benützten ihre Kanus als Verkehrsmittel. Wo dies nicht möglich war, wurden die Lasten getragen. Die weißen Siedler führten Ochsen, Pferde und entsprechende Wagen ein, und zunächst blühte auch die Küstenschifffahrt.

Es war aber die Eisenbahn, die das Land entscheidend dem Verkehr öffnete. Wegen des schwierigen Terrains entschloss man sich zum Bau einer Schmalspurbahn von 1067 Millimetern. Die ersten Bahnlinien entstanden auf der Südinsel zwischen 1860 und 1870 und verbanden Ortschaften im Innern des Landes mit den Häfen. Später wurden die längeren Hauptlinien auf beiden Inseln errichtet. Die Bahntrassen sind größtenteils einspurig. Enge Kurven und beträchtliche Steigungen verunmöglichen ein schnelles Fahren. Entgleisungen – vorwiegend von Güterzügen – sind relativ häufig. Tunnels und Viadukte über tiefe Schluchten machen die Fahrt abwechslungsreich. Eisenbahnklubs veranstalten von Zeit zu Zeit interessante Exkursionen über Linien, auf denen keine Passagierzüge mehr verkehren, oft mit Dampflokomotiven. Die Lokalzeitungen geben darüber Auskunft. Ein besonderes Erlebnis ist die Exkursion in die Taieri-Schlucht, die von Dunedin aus angeboten wird, oder die Fahrt durch die Mangroven- und Küstenlandschaft zwischen Opua und Kawakawa in der Bay of Islands.

Die Bahnlinie, welche Wellington und Auckland verbindet, wurde 1908 eröffnet und ist die wichtigste des Landes. Die 660 Kilometer lange Strecke legen täglich zwei Passagierzüge zurück, einer am Tag und einer in der Nacht. Die Fahrt dauert zwischen zehn und zwölf Stunden und führt an den Vulkanen des Tongariro-Nationalparks vorbei. Diese Bahnfahrt ist immer noch ein besonderes Ereignis, gewürzt mit viel Gemütlichkeit. Nach der Abfahrt in der Hauptstadt, kurz nach acht Uhr morgens, bekommt man zunächst die Wellingtoner Morgenzeitung. Bald schon folgt der Vormittagstee mit einem Sandwich. Langsam steigt der Zug zum Vulkanplateau hinauf. Kondukteur und Hostessen sind hilfsbereit, erklären landschaftliche und bautechnische Höhepunkte und sind immer zu einem Schwatz aufgelegt. Hat man sich an der Landschaft und den vielen Tieren entlang der Bahnlinie satt gesehen, macht man ein Schläfchen oder liest. Wenn sich die beiden Züge aus Auckland und Wellington kreuzen, werden die Mannschaften ausgetauscht. Bald folgt der Nachmittagstee, und in Hamilton wird die Auckländer Abendzeitung verteilt. Die Fahrt endet in den frühen Abendstunden im fast menschenleeren Bahnhof von Auckland.

Im Nachtzug kann man nur schlecht schlafen, da es keine Liegewagen gibt. Dafür entschädigt in klaren Vollmondnächten der Blick auf hügelige Landschaften und die scharfen Konturen der Vulkankegel.

Die abwechslungsreichste und zweifelsohne malerischste Bahnfahrt führt mit dem *Transalpine Express* von Christchurch quer über die

Dampfquelle Karapiti. Zeichnung Mitte des 19. Jh.

Berglandschaft des Arthur's Pass und durch den Otira-Tunnel hinüber an die Westküste nach Greymouth.

Die Eisenbahnen haben in Neuseeland nie die Bedeutung erlangt, die ihnen in Europa oder Japan zukommt. Bereits 1920 wurde das Auto zur Konkurrenz. Neuseeland ist, wie andere Länder der Neuen Welt, relativ schnell zu einem Auto- und Flugzeugland geworden. Man trifft immer wieder Leute, die noch nie mit der Eisenbahn gefahren sind. Sie halten Bahnfahrten für anstrengend, zeitraubend und für weniger wohlhabende Bürger reserviert. Heute transportiert die Bahn vor allem Güter. Aber auch der Frachtverkehr verlagert sich mehr und mehr auf die Straße, obwohl die meisten Straßen nicht für den Schwerverkehr konzipiert wurden.

In jüngster Zeit sind immer mehr Nebenlinien für den Personenverkehr stillgelegt worden. Zurzeit besteht Personenfernverkehr nur noch auf den Linien Auckland – Wellington, Auckland – Rotorua, Auckland – Tauranga, Wellington – Napier, Picton – Christchurch – Dunedin – Invercargill und Christchurch – Greymouth.

Ausgedehnter als das Bahnnetz sind die Linien, die die verschiedenen Buskompanien betreiben. Dazu kommen die Fährschiffe, welche die Nord- und Südinsel verbinden. Die dreieinhalbstündige Fahrt auf der Cook-Straße zwischen Wellington und Picton ist oft stürmisch, doch wird der Reisende durch die landschaftlichen Schönheiten vor allem des Queen Charlotte Sounds, eines versunkenen Flusstals, entschädigt.

Für längere Strecken bildet das Flugzeug das meistbenützte und populärste öffentliche Verkehrsmittel der Neuseeländer. Der Flug von Auckland nach Wellington dauert eine, jener nach Christchurch etwa anderthalb Stunden. Geschäftsleute fliegen am Morgen hin und am Abend zurück.

In der ersten Zeit der Erschließung des Landes war die Küstenschifffahrt von großer Bedeutung. Die Riffe vor den Hafeneinfahrten an der Westküste bilden allerdings seit je bei schlechtem Wetter eine Gefahr. Ausgezeichnete Häfen haben hingegen die vier Hauptzentren und die größeren Städte an der Ostküste, wie etwa Whangarei, Auckland, Tauranga und Napier auf der Nordinsel und Lyttleton bei Christchurch und Port Chalmers bei Dunedin. Heute dienen diese Häfen vor allem dem internationalen Frachtverkehr.

Auf Wanderwegen

Wo die Verkehrswege aufhören, beginnen die Wanderpfade. Neuseeland ist für Wanderer und Trekker ein ideales Land. Pfade verschiedenster Art durchziehen die Nord- und die Südinsel. Das Angebot reicht vom viertelstündigen Spaziergang bis zu mehrtägigen Wanderungen. Neuseeländer und Besucher genießen den Hautkontakt mit Sonne, Wind und Regen in der abgelegenen, urwüchsigen Natur, bereichert durch Kontakte mit der Landbevölkerung und anderen Wanderern. Neuseelands Wanderpfade bieten dem Besucher Ausflüge in meist menschenleere Gegenden mit einer einmaligen Vielfalt von Landschaften und geben ihm außerdem noch das Gefühl, ein Abenteurer zu sein.

Die günstigste Wanderzeit sind die Sommermonate Januar bis März, doch kann man in den Niederungen und im tiefer gelegenen Busch und vor allem den Stränden entlang das ganze Jahr über wandern. Außer in den Weihnachtsferien findet man leicht Unterkunft in den zahlreichen Hütten. Man wandert wegen der hohen Luftfeuchtigkeit meist in kurzen Hosen. Mit Regen muss immer gerechnet werden, vor allem auf den bekannten Pfaden im Südwesten der Südinsel. Dort kann man in je drei bis vier Tagen den Routeburn-, Hollyford-, Kepler- und Milford-*Track* durchwandern. Gewandert wird häufig zu zweit oder in kleineren Gruppen. Wer mehr Komfort will, kann sich gegen entsprechende Bezahlung geführten Gruppen anschließen, die ihre eigenen und oft komfortableren Hütten unterhalten. Auf diesen Gruppenwanderungen wird dem Wanderer zudem das schwerste Gepäck abgenommen. Wo, wie im Falle des Urewera-Nationalparks auf der Nordinsel, solche Gruppen von Maori geführt werden, und wo zum Teil in Maori-Versammlungshäusern übernachtet wird, gewinnt der Besucher zudem einen Einblick in die Maori-Kultur.

Neben Essen und Kleidung und dem unentbehrlichen Regen- und Sonnenschutz wird der kluge Wanderer auch ein wirksames Insektenschutzmittel einpacken. Es gibt zwar keine giftigen Tiere, leider aber zwei boshafte Störenfriede dieser Wanderidylle: die sogenannten Sandfliegen und die Mücken. Die Sandfliegen werden vor allem in tieferen Buschlagen feuchter Gegenden aktiv. Sie sind etwas größer als Mücken, jedoch viel träger, und lassen sich leichter erwischen. Allerdings hilft dies nicht viel, denn man spürt ihre Stiche erst wenige Zeit später. Sie bewirken einen lästigen Juckreiz. Am Abend verschwinden die Sandfliegen und werden von den viel musikalischeren Mücken abgelöst. Zelte ohne Mückennetz garantieren schlaflose Nächte. Der Neuseelandwanderer sollte sich jedoch wegen dieser Bemerkungen nicht von einem der schönsten

Kunst der Maori: prachtvoll geschnitztes Holztor

Neuseelanderlebnisse, dem Wandern, abhalten lassen. Vorbeugen ist der Schlüssel zu juckfreiem Wandern.

Die bekanntesten Wanderwege finden sich in den 13 Nationalparks. Unzählige Pfade gibt es aber auch in Naturreservaten *(reserves)*, im Küstengebiet und auf den Inseln *(maritime parks)*, in Wäldern *(forest parks)* und im offenen Farmland. Da das Küstenvorland nicht verbaut werden darf, kann man selbst in der Stadt an den Stränden entlang wandern und dabei die Wasservögel und bei Ebbe die Strandfauna in den vom zurückweichenden Wasser hinterlassenen Tümpeln beobachten. Im Jahr 1975 wurde vom Parlament das *New Zealand Walkway System* ratifiziert. Es sieht vor, verschiedene leicht begehbare Wege zusammenzuschließen, sodass es dereinst möglich sein sollte, die etwa 1700 Kilometer lange Strecke vom höchsten Norden bis zum äußersten Süden (mit Ausnahme natürlich der Schifffahrt über die Cook-Straße!) zu Fuß zurückzulegen. Auf der Banks Peninsula bei Christchurch haben sich einige Farmer zusammengetan und ermöglichen nun eine zwei- oder viertägige Wanderung mit Unterkunft auf ihrem Land.

Es fällt schwer, unter den unzähligen schönen Wanderwegen die empfehlenswertesten herauszuheben. Jede Auswahl ist deshalb subjektiv. Die persönliche Vorliebe des Textautors gilt den folgenden fünf längeren Wanderungen: Von Spirit's Bay via Cape Reinga über die Sanddünen und die subtropische Küstenlandschaft zum Te-Paki-Fluss im äußersten Norden; entlang dem Whirinaki-Fluss im Whirinaki Forest im Urewera-Gebiet; quer durch die Vulkanlandschaft im Zentrum der Nordinsel; entlang der reizvollen Küste des Abel-Tasman-Nationalparks im Norden der Südinsel; über die alpine Landschaft des Routeburn-*Tracks* im Süden der Südinsel.

Aber auch die vielen kürzeren Tageswanderungen, etwa im Gebiet des Arthur's Pass, die Wanderung von Arrowtown nach Macetown, auf den Mount Moehau auf der Coromandel-Halbinsel oder die *Golden-Stairs*-Wanderung am fjordähnlichen Whangape Harbour im Nordwesten der Nordinsel gehören dazu. Ebenso die leicht erreichbaren Wanderwege in den Waitakeres bei Auckland oder auf den Auckland vorgelagerten Inseln im Hauraki-Golf.

Die Wanderwege werden von verschiedenen Organisationen verwaltet, die meist unabhängig voneinander ihre Informationen in Form von Broschüren anbieten. Im Handel erhältlich sind zudem Wander- und Trekkingführer, sowohl für das ganze Land wie auch für einzelne Gegenden.

In Neuseelands «Südseeregion»

Vom Vulkanplateau bei Taupo senkt sich das Land sanft gegen Norden. In seinem östlichen Teil endet es auf der Coromandel-Halbinsel. Früher einmal als Goldgräbergebiet mit Otago konkurrierend, ist dieses Gebiet heute mit seinen herrlichen Küsten vor allem im Sommer ein Mekka für Touristen. Unter seinen Bewohnern finden sich nicht wenige «Aussteiger», die als Einsiedler oder in Kommunen auf der bergigen, von dichtem Busch bewachsenen Halbinsel leben.

In seinem nordwestlichen Teil reicht Neuseeland noch etwa 450 Kilometer über Auckland hinaus und endet schließlich am North Cape. Dieses Gebiet liegt nördlich des 38. Breitengrades, der in Neuseeland die südlichste Grenze für die meisten subtropischen Gewächse bildet. Das Menschengemisch wird bunter, die Luft feuchter, der Winter milder. Die Region Northland beginnt nördlich von Auckland und umfasst die gesamte lang gezogene, enge Landmasse. In den ländlichen Gebieten des Nordwestens, am Hokianga Harbour, sind die Maori oft noch in der Mehrheit. Im Osten liegt Whangarei, der einzige Ort mit Städtestatus. Manche Gegenden im Innern und im Westen Northlands erscheinen ärmlicher als andere Gebiete Neuseelands. Häuser und Weideland machen gelegentlich einen verwahrlosten Eindruck und zeugen von der Landflucht. Northlands Arbeitslosenquote ist eine der höchsten des Landes.

Im Gegensatz dazu stehen die wohlhabenderen Gegenden an der Ostküste mit malerischen Orten wie Russell und Kerikeri in der Bay of Islands. Fische und Meeresfrüchte sind reichlich vorhanden, und Gemüse und Früchte gedeihen im günstigen Klima schnell. Northland zieht denn auch immer wieder Leute aus Großstädten an, die entweder in ihre frühere Heimat «aufs Land» zurückkehren oder sich nach ihrer Pensionierung etwa in Kerikeri, einer Gegend mit zahlreichen Zitrusplantagen, niederlassen. Hinzu kommt die immer zahlreichere Schar der Besucher, die regelmäßig die Sommerferien dort verbringt. Northland ist vor allem eine Region für das Gemüt und vermittelt ein Gefühl der Weite und nicht selten der Zeitlosigkeit. Landschaft, Klima, Geschichte und Bevölkerung prägen hier ein Neuseeland, das Polynesien und der Südsee am nächsten steht.

Das Innere Northlands besteht aus hügeligem Land, und keine Erhebung ist mehr als 800 Meter hoch. Es sind jedoch die Ozeane und die verschiedenartigen Küstenformen, die der Landschaft des Nordens ihren besonderen Reiz verleihen. Im Osten befindet sich der Pazifi-

Maori-Schule im 19. Jh.

sche Ozean mit vielen lieblichen Buchten, Halbinseln und vorgelagerten Inselchen, besonders in der von Kapitän Cook so treffend benannten Bay of Islands. Nicht umsonst findet man hier in den Ortsnamen so häufig das Wort *whanga* (Hafen). Palmen, Pohutukawa-, Manuka- und Kanuka-Bäume säumen die oft steil zum Meer sich neigenden Abhänge, die mit langen Sandstränden abwechseln. Im Westen hingegen erstreckt sich eine Sandküste entlang dem wilden Tasmanischen Meer in fast gerader Linie nordwärts. Unterbrochen wird sie nur von einigen weit ins Land hineinragenden Meeresarmen, von denen der Kaipara und der Hokianga die bedeutendsten sind. Auf beiden Meeresarmen kann man Exkursionen mit kleinen Schiffen unternehmen, man kann in Hotels alten Stils übernachten und so etwas von der Pionierzeit nacherleben. In vielen Meeresbuchten findet man Mangrovenbäume. Sie werden umso größer, je weiter man nach Norden zieht, und können bis neun Meter hoch werden.

Südlich des Hokianga erstreckt sich der Waipoua-Urwald. In seinem oft undurchdringlichen Innern stehen zwei der mächtigsten Kaurifichten des Landes, *Tane Mahuta* («Gott des Waldes») und *Te Matua Ngahere* («Vater des Waldes») genannt. Der Tane Mahuta soll etwa 1500 Jahre alt sein, ist 51 Meter hoch und sein Stamm hat einen Umfang von 14 Metern. Heute stehen nur noch wenige dieser Baumriesen. Fast alle wurden zu Beginn des 19. Jahrhunderts gefällt und ausgeführt oder zum Bau der Pionierhäuser und Kirchlein verwendet.

Im hohen Norden

Ein Gefühl von Freiheit und Weite vermittelt insbesondere der «Hohe Norden», *the Far North*, wenn der Blick über hügeliges Land bis dorthin schweift, wo sich das tiefblaue Meer mit dem hellen Himmel am Horizont trifft. Unvergesslich sind die Sommertage, an denen ein warmer Wind weht und sich die Konturen von aufgewirbeltem Sand und schäumendem Meer in der flimmernden Luft vermischen. Da klappert das Blechdach auf den Hütten der ehemaligen Kauriharzgräber, und die Wipfel der immergrünen Manuka-Bäume bewegen sich in Wellen über dem scheinbar endlosen Land. Im Winter rosa oder weiß blühend und von unterschiedlicher Höhe, geben diese knorrigen Bäume dem Brachland ein einzigartiges, exotisches Aussehen – und den Fasanen, Schnepfen und Hasen idealen Unterschlupf. Auch halbwilde Pferde, vielerlei Land- und Wasservögel und gelegentlich ein Wildschwein sorgen für Unterhaltung. Das Rauschen der Ozeane bildet eine ständige Geräuschkulisse. Jäh ist der Übergang von den meterhohen Toe-toe-Silbergrasbüscheln zu dem gelbrötlichen Sand der wandernden Dünen, die oft mehr als 100 Meter Höhe erreichen und ausgedehnte Wüstentäler bilden. Grün, blau und gelb sind die Farben der nördlichen Landschaft, dazu gesellt sich in den Sommermonaten das Rot der blühenden Pohutukawa- und Eukalyptusbäume. In den Gärten gedeihen Bougainvilleen neben den Gemüsebeeten, den Zitrus- und Feigenbäumen. Palmen zieren Straßenränder und Schulhöfe sowie die Einfahrten zu den alten Farmhäusern im viktorianischen Stil.

Über diesem Landschaftsbild erscheint der Himmel an klaren Tagen besonders weit und fast durchsichtig. Steht man auf den Hügeln am südlichen Ende der Ninety Mile Beach, so scheint der über 100 Kilometer lange Sandstrand – an dem sich kein einziges Hotel befindet – im intensiven, hellen Licht irgendwo ins Unendliche zu verlaufen. Die Dämmerung senkt sich im Norden recht rasch über das Land, und der sich ausbreitende Sternenhimmel versetzt jeden Sternenbeobachter durch seine Klarheit in Staunen.

Aber auch mit der Nase erkennt man den Norden: am Geruch von Muscheln und Seetang, von dampfendem Gras nach einem Nachtregen, von brennendem Kauriharz in irgendeinem Sumpf oder am honigsüßen Duft der Lupinienblüten. Und nach Essen riecht es: Im Garten des Nachbarn werden Muscheln, Fische und Steaks auf dem Grill zubereitet.

Northland kann nicht nur auf eine lange voreuropäische Besiedlung zurückblicken, es ist auch die Wiege der neueren Geschichte Neuseelands. Am Fuß terrassenförmiger Hügel und Vorgebirge ursprünglich befestigter Maori-Dörfer – sogenannter *Pa* – sieht man heute oft kleine weiße Kirchlein mit rotem Dach neben alten Puriri-Bäumen und Kohlpalmen. Jetzt oft verlassen, zeugen sie von den ersten Jahren der Kolonisierung und Missionierung. Der erste Gottesdienst auf neuseeländischer Erde wurde 1814 vom Anglikaner Samuel Marsden in der Bay of Islands abgehalten. Den Anglikanern folgten die Methodisten und die Katholiken. Stattliche ehemalige Missionshäuser stehen in den malerischen Gegenden der Bay of Islands und des Hokianga Harbour.

In der Bay of Islands befindet sich nicht nur die Stelle, wo 1840 der Vertrag von Waitangi unterzeichnet wurde, sondern auch ein besonders reich geschmücktes Versammlungshaus. Bei Kerikeri steht das älteste erhaltene Steinhaus des Landes aus dem Jahr 1833 gleich neben dem ältesten Holzhaus, einem ehemaligen Missionshaus (1821). Der Ort Russell gilt mit seiner gegen das Meer gerichteten Häuserfront als eine der malerischsten Siedlungen des Landes. An seine rauhe Vergangenheit als

Waipoua-Urwald Mitte des 19. Jh.

Zentrum der Robbenfänger und Händler und deren handgreifliche Auseinandersetzungen erinnert die älteste Kirche des Landes mit ihren Einschusslöchern.

In der ersten Hälfte des 19. Jahrhunderts herrschte im Norden reges Treiben, denn er war das eigentliche Zentrum des neuen Landes. In den jetzt verschlafenen Ortschaften des Hokianga gab es damals nicht nur Sägereien und Flachsmühlen, sondern auch Schiffswerften. Nach 1850 verlagerte sich die Betriebsamkeit in weiter südlich gelegene Gegenden. Auckland übernahm bereits 1841 die Funktion der Hauptstadt von Russell-Okiato, musste diese dann aber 1865 an Wellington abtreten.

Der Norden wurde vergessen oder war allenfalls noch als der «weglose Norden» bekannt. Der Verkehr wurde mit Küstendampfern aufrechterhalten. Malerische Häfen mit alten Holzgebäuden, oft auf Pfählen wie etwa in Horeke und Rawene am Hokianga oder in Mangonui in der Doubtless Bay, erinnern an jene Zeit.

Gegen Ende des 19. Jahrhunderts kam jedoch eine neue «Industrie» in den Norden: Kauriharzgräber, sogenannte *gumdiggers*, gruben einzeln oder in Gruppen nach dem Harz von Kaurifichten, die, so nimmt man an, vor Tausenden von Jahren von einer Naturkatastrophe umgelegt worden waren und deren Harz im Boden versteinerte. Kauriharzstücke sehen ähnlich aus wie Bernstein, sind jedoch viel brüchiger und weniger kostbar. Die Blütezeit dieser Industrie fiel in die Jahre 1890 bis 1920, als das Kauriharz für kurze Zeit eines der wichtigsten Exportprodukte des Landes war. Es wurde vor allem zur Herstellung von Linoleum und Lacken verwendet. Die Maori, die das Produkt bereits vor der Ankunft der weißen Kauriharzgräber kannten, brauchten es zum Tätowieren und als Brennstoff. Mit einem «Kauriharzspeer» zogen die jungen Männer los und suchten das Harz im Boden. Darauf wurden die oft mehrere Kilogramm schweren Stücke ausgegraben, am Abend in den primitiven Hütten gewaschen und poliert. Wenn eine Gegend nichts mehr hergab, zogen die *gumdiggers* weiter. Später ersetzten Maschinen die härteste Arbeit. Besonders groß war die Zahl der *gumdiggers* aus Dalmatien, damals Untertanen von Österreich-Ungarn und in Neuseeland meist *Austrians* genannt, die von 1880 an nach Neuseeland kamen. Später betrieben sie dort, wo sie ursprünglich nach dem Kauriharz gegraben hatten, mit Erfolg Milchfarmen oder zogen in die Gegend von Auckland. Ihre Nachkommen findet man heute sowohl unter den Maori wie den Pakeha des Nordens. Ihr Schicksal hat in feinfühliger Weise die in Neuseeland geborene Autorin Amelia Batistich literarisch verarbeitet, unter anderem in einer Kurzgeschichtensammlung mit dem Titel «*An Olive Tree in Dalamatia*» (1961).

Unbekanntes Neuseeland: der Nordwesten

Während heute an der Ostküste Northlands immer mehr Ferienhäuser und Touristenzentren entstehen, findet man im Nordwesten noch das «unbekannte» Neuseeland. Ein besonderes Kennzeichen dieser ländlichen Gebiete sind die vielen Pferde, die auf Weideland oder in freier Wildbahn leben. Bereits die Kinder – oft zu zweit oder zu dritt und meist ohne Sattel – reiten zum Vergnügen, zu Einkäufen ins nahe Geschäft oder gar zur Schule. Beliebt sind Pferderennen, die man bei Ebbe leicht auf dem Sand am Strand veranstalten kann.

Grabsteine in entlegenen Friedhöfen geben dem Besucher Einblick in das bunte, aber oft nicht leichte Schicksal der Bewohner des Nordwestens; da sind die einsamen Gräber von österreichischen und holländischen *Mill-Hill*-Missionaren bei Kirchlein im südamerikanischen Stil mit Aufschriften in der Maori-Sprache, etwa das Grab eines Pa Aterea – Father Andreas – bei Pawarenga, das Grab eines zwanzigjährigen Einwanderers, «geboren in Dalmatien 1870 – gestorben in Neuseeland 1890», und das Denkmal für die im Zweiten Weltkrieg im fernen Nordafrika und Kreta gefallenen Pakeha und Maori im entlegenen Matihetihe, das an einem solchen Ort ungewöhnlich und auch tragisch anmutet.

Die Zahl der Einwohner dieser Gebiete nimmt nach den Sommerferien ab, wenn vor allem Teenager und jüngere Familien sich wieder zur Arbeit oder zur Schule in die Städte begeben, denn Beschäftigungsmöglichkeiten gibt es hier nicht viele.

Rund um die Häuser findet man oft stattliche Obst- und Gemüsegärten, in denen sogar Bananen gedeihen. Die leuchtenden Bougainvilleen verschönern selbst die einfachsten Blechhütten. Wo die Orte am Meer liegen, kann man beim tiefsten Stand des Wassers Einheimische und Besucher beobachten, die mit Kübeln und Taschen bis zu den Knien im klaren, blaugrünen Wasser stehen und Muscheln suchen. Wasserscheu darf man nicht sein, denn wenn einen einmal der Sammeleifer gepackt hat, wird man bald einmal von einer unverhofft hohen Welle überrascht und abgekühlt. Anderseits kann man seine Mahlzeiten ohne weiteres planen: im Gegensatz zum Fischer weiß der Muschelsammler immer genau, dass er mit einem «Fang» rechnen kann und mit der erhofften Nahrung zur verabredeten Zeit zurückkehren wird!

Die nördlichste Ortschaft Neuseelands ist Te Hapua. Dort begann im Jahr 1975 der Maori-Landmarsch quer durch die Nordinsel zum Parlament in Wellington. Damit wollten die Maori die Aufmerksamkeit der Öffentlichkeit

Missionsschule Otawhao um 1870

auf die Tatsache lenken, dass sie fast kein Land mehr besitzen. Angeführt wurden sie von Whina Cooper, einer der bekanntesten Maori-Ältesten von Northland und überhaupt von Neuseeland.

Von der nördlichen Spitze von Northland aus kann man eine deutliche Linie im Wasser erkennen. Dort prallen die Wassermassen des Pazifischen Ozeans und des Tasmanischen Meeres aufeinander. Die Maori-Überlieferung sagt, dass beim Pohutukawa-Baum am steilen Abhang vom Cape Reinga («Unterwelt») die Seelen der Toten das Land verlassen und nach Hawaiiki zurückkehren. Aus dieser Urheimat waren die Maori vor über tausend Jahren her gekommen. Um das Cape Reinga herum segelten viel später dann auch die europäischen Entdecker Tasman, Cook und de Surville.

Auf dem Vulkanplateau

Vom White Island, einer dampfenden, aktiven Vulkaninsel im Osten der Bay of Islands bis hin zum 2518 Meter hohen Mount Egmont/ Mount Taranaki im Südwesten, erstreckt sich ein Gürtel aktiver, halbaktiver und zurzeit ruhender oder erloschener Vulkane quer über die Nordinsel. Das Zentrum dieses Gürtels wird Vulkanplateau genannt und liegt bei Taupo ungefähr 500 Meter hoch. Als «Dach der Nordinsel» erheben sich darüber die drei Vulkane des Tongariro-Nationalparks, der flachgipflige, erloschene Mount Tongariro (1968 Meter), dessen Spitze von einer Explosion weggefegt worden sein soll, der pyramidenförmige Kegel des aktiven Mount Ngauruhoe (2291 Meter) und dahinter der Mount Ruapehu (2796 Meter), dessen schneebedeckte Gipfelkuppen einen heißen Kratersee umschließen. Er machte im Jahr 1995 wieder durch einige spektakuläre Ausbrüche von sich reden. Über das ganze Plateau ziehen sich unzählige erloschene Vulkankegel, kochende Schlammteiche, brodelnde Quellen, und überall dampft es aus Öffnungen – im Wald, auf den Wiesen und im Gestein.

Am unteren Ende des Vulkanplateaus liegt Rotorua mit etwa 54 000 Einwohnern. Rotorua ist Neuseelands wichtigster Touristenort. Der Tourismus bringt Verdienstmöglichkeiten, unter anderem auch für das Maori-Kunstgewerbezentrum. Er dominiert aber nicht das gesamte Leben der Ortschaft wie etwa in Neuseelands zweitwichtigstem Touristenort Queenstown auf der Südinsel.

Auch die Landwirtschaft, insbesondere die Schafzucht, trägt zu den Verdienstmöglichkeiten der Bewohner des Gebiets von Rotorua bei. Berühmtheit hat der Ort im In- und Ausland wegen seiner «thermischen Wunder», der Maori-Kultur und der Forellenfischerei erlangt. «Eine ungewöhnlich angenehme Gegend, obwohl es dort wie im Hades riecht», soll G. B. Shaw von dieser Landschaft gesagt haben. Rotorua riecht man, bevor man es erreicht, denn der Schwefelgeruch ist penetrant. Aus Öffnungen in Parks und Wasserabläufen am Straßenrand dampft es. Mancher Haus- oder Hoteleigentümer hat im Garten ein Loch gebohrt und die thermische Energie zu Heiz- und Badezwecken angezapft.

In Rotorua ist die Erdkruste dünn, kleinere Beben sind häufig, und man weiß nie genau, was der nächste Tag bringen wird. Doch die Einwohner haben sich daran gewöhnt.

Besonders vielfältig und farbenfroh sind die thermischen Sehenswürdigkeiten in der Umgebung. In dem von Thermalquellen gespeisten Schwimmbad im Waikite-Tal kann man, während man sich unter Farnbäumen im warmen Wasser treiben lässt, die Schafe beobachten, die auf den Weiden der steilen Abhänge grasen. In Waiotapu wandert man an Öffnungen vorbei, die wie kleine Vulkane aussehen und aus denen es zischt und grollt. Die verschiedenen chemischen Bestandteile der Erde und der Dämpfe haben der Gegend ein buntes Aussehen verliehen. In Orakei Korako senken sich bunte Sinterterrassen in einen dunkelblauen See, in dem sich Forellen tummeln. Dem Wasser des Sees im Waimangu-Tal entsteigt ein dichter Dampfschleier, der an kühleren Tagen besonders gut sichtbar ist. Das blaugrüne Wasser kocht an verschiedenen Stellen, aufgeheizt durch unterirdische Thermalquellen, und Raumokos Hals, ein türkisfarbener See, gibt gelegentlich ein dumpfes Brummen von sich. Das Gestein am Weg fühlt sich warm an. Über einem ruhigen See am Ausgang des Tals, auf dem sich schwarze Schwäne tummeln, erhebt sich der Mount Tarawera (1097 Meter).

Im Jahr 1886 brach der Berg aus – man hatte bis dahin angenommen, er sei «ruhig» –, und selbst im 250 Kilometer entfernten Auckland soll sich der Himmel gerötet haben. Dabei spaltete sich der Bergkamm und bildete einen lang gestreckten Krater. Im Gefolge des Tarawera-Ausbruchs wurden nicht nur Dörfer an seinem Fuß zerstört, es entstanden auch die heißen Quellen und Seen des Waimangu-Tals.

Die Besteigung des Mount Tarawera führt zunächst über ein aschenbedecktes Sträßchen, dann durch Gestrüpp und niedrige Bäume auf die Höhe, von wo man in den Krater hinuntersteigen kann. In der Ferne erkennt man den Rauch des White Island, und in südwestlicher Richtung dampft der Mount Ngauruhoe. Zu Füßen des Wanderers befinden sich die zahlreichen tiefblauen oder grünlichen, von dunkelgrünem Busch umgebenen Seen der Gegend von Rotorua. Wäre die ganze Szenerie nicht so großartig, würde man hier wohl das Fürchten lernen.

Rotorua liegt am gleichnamigen See, an dessen Ufer sich auch Ohinemutu mit seinem Versammlungshaus befindet, in dem Maori nach ihrer täglichen Arbeit den Touristen in ungezwungener Weise ihre Tänze und Gesänge vorführen. Etwas weniger natürlich ist hingegen «der Ausbruch des Lady-Knox-Geysirs», täglich zu einer in den Touristenbroschüren angekündigten Zeit: In die Öffnung des Geysirs wird nämlich Seife gegossen und damit der Ausbruch stimuliert!

Zwischen Rotorua und Taupo befindet sich Neuseelands Thermalkraftwerk Wairakei. Seit 1959 wird dort thermische Energie zur Erzeugung von Elektrizität angezapft. Als eines der bedeutendsten geothermischen Kraftwerke der Welt hat es das Interesse der internationalen Fachwelt auf sich gezogen.

Von Rotorua nach Wairoa an der Ostküste führt eine kurvenreiche Staubstraße durch den Urewera-Nationalpark, wohl eine der ursprünglichsten Urwaldlandschaften des Landes, deren Zentrum der Waikaremoana-See bildet.

Tragische Maori-Sage

Auf das Vulkanplateau und seine Entstehung beziehen sich auch einige der schönsten und bekanntesten Maori-Sagen, die jeweils in mehreren Versionen überliefert sind. Eine davon berichtet vom Priester Ngatoro-i-rangi. Dieser erreichte Neuseeland im Te-Arawa-Kanu, von dem der Stamm der Maori, der in der Gegend von Rotorua wohnt, seinen Namen ableitet. Auf dem Weg vom Meer zu den Vulkanen stampfte Ngatoro mit seinen Füßen auf den Boden und schuf dadurch Quellen und Seen, und er soll auch die hügelige Landschaft mit Feen bevölkert haben. Schließlich bestieg er den Mount Tongariro mit seiner Sklavin Auruhoe. So sehr war er in den Anblick dieses herrlichen Landes versunken, dass er nicht merkte, wie Auruhoe allmählich in der aufkommenden Kälte erfror. Doch dann verspürte auch er die Kälte, und in seiner Bedrängnis rief er seine Schwestern im entfernten warmen Hawaiiki um Hilfe. Sie sandten ihm ein heißes Feuer, das unter der Meeresoberfläche gegen Neuseeland raste. In der Bay of Plenty kam es hervor, und das Wasser fing Feuer. Dort erhebt sich heute White Island. Dann eilte das Feuer quer unter dem Boden der Nordinsel weiter und schuf dort, wo es aus der Erde ausbrach, warme Quellen und Geysire. Schließlich bewirkte es die heftigen Ausbrüche der drei Vulkane, deren Wärme Ngatoro das Leben rettete. Aus Dank opferte dieser darauf die tote Auruhoe den Göttern, indem er sie in den Krater des Ngauruhoe warf, der seither ihren Namen trägt. Der Berg, von dem aus der kühle Südwind Ngatoros Botschaft nach Norden getragen hat, bekam den Namen Mount Tongariro, «vom Südwind weggetragen».

Die drei Vulkane Mount Tongariro, Mount Ngauruhoe und Mount Ruapehu bilden das Zentrum des Tongariro-Nationalparks. Als erster der dreizehn Nationalparks in Neuseeland wurde er bereits 1894 gegründet. Der Boden war ein Geschenk des Häuptlings Te Heuheu Tukino, der damit die «heiligen Berge» in ursprünglichem Zustand der Nachwelt erhalten wollte. Mehrere Pfade durchziehen heute den Nationalpark. Zu den schönsten gehört der Weg, der zwischen dem Mount Tongariro und dem Mount Ngauruhoe von Norden nach Westen führt. Nach kurzer Wanderung einem schnell fließenden Bach entlang steigt der Pfad über Bültgras steil zu den heißen Ketetahi-Quellen an, deren Dämpfe weit-

Vulkane Tongariro – um den eine der schönsten tragischen Maori-Sagen entstand – und Ruapehu

herum sichtbar sind. Durch die dünne Erdkruste und die Schuhsohlen spürt man die Hitze des kochenden Wassers. Nach einem warmen Bad kann man in einer Hütte übernachten und den weiten Ausblick über den Mount Pihanga und den Taupo-See genießen.

Nach der Sage war Pihanga, jetzt ein erloschener, bewaldeter Vulkan mit einem Seelein, der einzige weibliche Vulkan der Gegend. Alle anderen Vulkane warben um sie, doch sie schenkte ihre Gunst einzig dem Tongariro. Taranaki (auch Mount Egmont genannt) war darüber so erzürnt, dass er fortzog, dabei das Wanganui-Flusstal schuf und sich schließlich im Südwesten, weit abseits der anderen Vulkane, niederließ. Hinter einem feinen Wolkenschleier verbirgt er noch jetzt oft seine Trauer. Aber man erwartet seine Rache und fürchtet, dass er eines Tages an seinen früheren Platz in der Tongariro-Gruppe zurückkehren werde. Dies sei ein Grund dafür, dass in der Gegend zwischen dem Mount Egmont/Mount Taranaki und den drei Vulkanen des Tongariro-Nationalparks bis jetzt kaum Maori wohnen.

Von der Ketetahi-Hütte steigt der Pfad weiter steil an, zunächst durch Bültgras und subalpine Sträucher, erstarrten Lavaströmen entlang und schließlich über Asche, Bimsstein und Schlacke. Dann öffnet sich die Aussicht auf eine grandiose, fast unheimliche Mondlandschaft, unterbrochen vom Blau und Grün der Emerald-Seen und dem ockerroten, rauchenden Abhang des Red Crater. Vor dem Wanderer erhebt sich in nächster Nähe der Kegel des aktiven Mount Ngauruhoe, der ständig Rauchwolken ausstößt. Im Osten des Bergkamms erstreckt sich eine schwarz-gelb-beige Bimsstein- und Schlackenlandschaft, durch die sich Neuseelands Hauptverbindungsstraße zwischen Auckland und Wellington hinzieht, hier *Desert Road* genannt. Nach dem Überschreiten des Passes am Fuß des Ngauruhoe öffnet sich der Blick nach Westen auf Bültgras- und Buschlandschaften. Weit entfernt, in einem Dunstschleier, erkennt man die Umrisse des Mount Egmont/Mount Taranaki. Im Sommer kann der Mount Ngauruhoe relativ leicht bestiegen werden. Die Wanderung kann auch an einem einzigen Tag unternommen werden, dann aber eher in umgekehrter Richtung. Im Winter befinden sich die Vulkane unter einer Schneedecke. Die Abhänge des Mount Ruapehu sind das Skisportzentrum der Nordinsel mit Skihütten und -liften.

Wo die Sonne am häufigsten scheint

Eine der reizvollsten Gegenden Neuseelands liegt im Norden der Südinsel, in der weiteren Umgebung von Nelson. Hier scheint die Sonne am häufigsten im ganzen Land, die Luft ist trockener als in den westlichen Gebieten des Landes und die Küstenlandschaft von einmaliger Schönheit. Hopfen und Tabak, aber auch Beeren, Gemüse und Weinreben gedeihen hier besonders gut. Die Gegend von Nelson beherbergt besonders viele Pensionisten, aber auch Künstler und Schriftsteller, die sich in dieser klimatisch angenehmen Gegend niedergelassen haben. In der von den kühlen Südströmungen geschützten Gegend findet man einige der schönsten Buchten und Strände Neuseelands. Hier ankerte Mitte Dezember 1642 der holländische Entdecker Abel Tasman. Die erste Begegnung mit den Maori endete allerdings mit dem Tod von vier Männern aus Tasmans Mannschaft, die von den Maori in ihren Booten umgebracht wurden. Tasman entschloss sich darauf, die «unfreundliche Küste» zu verlassen. Heute befindet sich hier der Abel-Tasman-Nationalpark, den man entweder auf einem weiten Umweg auf einer Straße über das Takaka-Gebirge und die Golden Bay an der Küste bei Totarunui erreicht, oder aber mit Booten, die die meisten Buchten des Nationalparks anlaufen.

Die mehrtägige Wanderung entlang der Buchten und Strände gehört zu den schönsten und auch leichtesten in Neuseeland. Im Gebiet der Golden Bay befindet sich eine weit ins Meer hinausragende, schmale Spitze, der Farewell Spit, heute ein Naturschutzgebiet, sowie die bunt schimmernden Pupu-Quellen. In der Gegend von Nelson beginnt auch der bekannte *Heaphy Track*, eine mehrtägige Wanderung, die über die Berge an die von Nikau-Palmen bestandene Westküste führt. Eine ganz andere Landschaft und Vegetation findet man bei den Nelson Lakes: hier beginnen bereits die Südalpen mit ihren etwa 60 Gletschern und 27 über 3000 Meter hohen Gipfeln.

In den neuseeländischen Alpen

Es war Kapitän Cook, der die Bergkette als Südalpen *(Southern Alps)* bezeichnete. Tatsächlich zeigen sie ausgesprochen alpinen Charakter. Sie sind aber durchschnittlich etwa 1000 Meter weniger hoch als die europäischen Alpen. Auch fehlen ihnen terrassenförmige Abhänge. Die Berge steigen kegelförmig und gleichmäßig von der Talsohle hoch. Ungewöhnlich ist auch die Lage der Gletscher. Wegen der vielen Niederschläge bilden sich in den Höhen ungeheure Schnee- und Eismassen, und die Gletscher der Westküste sind eigentlich zu Tal stürzende Eisflüsse. Aus einer Höhe von etwa 3000 Metern reichen die Gletscher über steiles Terrain bis gegen das Meer hinunter. Der 14 Kilometer lange Fox-Gletscher endet auf einer Höhe von lediglich 245 Metern und nur wenige Kilometer vom Meer entfernt. Da sich anderseits der subtropische Regenwald bis auf eine Höhe von etwa 1000 Metern über die Bergrücken hinzieht, bekommt man den Ein-

Unverkennbar ein typischer Alpensee: Rotoiti auf der Südinsel

druck, dass sich die Gletscher gleichsam in den Wald ergießen. Die Eismasse ist in ständiger Bewegung und verschiebt sich stellenweise bis zu drei Meter im Tag. Wie die meisten Gletscher der Welt sind aber auch die neuseeländischen im Rückgang begriffen.

Drei Pässe führen von Osten nach Westen durch die Südalpen. Der Haast-Pass, der 1965 eröffnet wurde, ist der südlichste und mit 585 Meter Höhe der niedrigste. Zwischen Christchurch im Osten und den Orten Hokitika und Greymouth im Westen liegen auf etwa 900 Meter Höhe der Arthur's Pass und der Lewis Pass. Über den Arthur's Pass führt nicht nur eine Straße, sondern seit 1923 auch eine Eisenbahnlinie. Von Christchurch her steigt das Gelände langsam gegen den Südalpenkamm an. Man fährt durch dürre Landschaften den Waimakariri-Fluss entlang. Sein kiesiges Bett mit vielen Rinnsalen füllt oft die ganze Talsohle aus. Westlich vom Südalpenkamm senkt sich die Straße in engen Kehren durch die Otira-Schlucht zur nur 30 Kilometer entfernten Westküste. Die Südalpen zeigen also eine Struktur, die derjenigen der europäischen Alpen ähnlich ist, wo die Nordseite stufenförmig ansteigt, die Südseite sich jedoch auf kurzer Strecke von mehreren tausend auf etwa 500 Meter senkt.

Geologie, Klima und Vegetation erlauben hier das Studium einer Vielfalt von Naturvorgängen auf engstem Raum. In den Bergen der Südinsel befinden sich die meisten Nationalparks des Landes. Der Bergkamm der Südalpen ist durch Erdbewegungen in die Höhe gehoben worden und auch heute noch nicht zur Ruhe gekommen.

Erosion und Gletscherbewegungen sowie die Klimaeinflüsse tragen – gleichsam vor den Augen der Besucher – zur ständigen Umformung der Landschaft bei. Hoch- und Tiefdruckgebiete nähern sich der Bergkette abwechselnd aus Südwesten und Westen. Die Wolken regnen sich auf der westlichen Seite des Gebirges rasch ab. Während man an der Küste in der Gegend des Franz-Joseph-Gletschers und des Fox-Gletschers 3000 bis 3500 und am Westabhang der höchsten Berge sogar bis zu 10 000 Millimeter Regen im Jahr misst, erhält das östlich davon liegende McKenzie-Weideland weniger als 600 Millimeter Niederschlag.

Am eindrücklichsten zeigen sich die Gegensätze auf einem Flug über den Südalpenkamm zwischen dem Franz-Joseph-Gletscher und der Gegend östlich des Mount Cook. Entlang der Küste im Westen erblickt man die bis 60 Meter hohen Kahikatea-Bäume in den Sumpf- und Morastlandschaften. Dann folgen die Gemischtwaldzone bis auf 500 Meter hinauf und der Bergwald bis 1000 Meter. Darüber erstreckt sich die alpine Zone bis zur Schneegrenze.

Hat man den Bergkamm mit seinen Dreitausendern überquert, ändert sich das Bild abrupt. Zwar gibt es auch auf der Ostseite große Gletscher. Sie stürzen aber nicht so steil zu Tal, und der 30 Kilometer lange Tasman-Gletscher endet bereits auf 715 Meter Höhe. Wegen der größeren Trockenheit ist die Vegetation viel ärmer. Mit 2300 Metern liegt die Schnee-

Textfortsetzung Seite 193

Ein Alpengipfel, aber nicht das Matterhorn: Mt. Cook, höchster Berg der Südalpen

Naturdenkmäler stehen unter strengem Schutz, und trotzdem schwinden die Moeraki Boulders bei Oamaru an der Ostküste der Südinsel ...

Schwarzer Strand zwischen Kaikoura und Blenheim an der Ostküste

Gewaltig und geheimnisvoll liegen die Moeraki Boulders da. Die Steinkugeln haben Durchmesser bis zu vier Metern und können mehrere Tonnen schwer sein. Bis heute kann die Wissenschaft deren einzigartige Gleichförmigkeit nicht hinreichend erklären

unten: Otago-Halbinsel, oberhalb Portobello: Die langgezogene Bucht des Otago Harbour ist tief genug eingeschnitten, um auch größeren Schiffen den Zugang zum Hafen Dunedins – Port Chalmer – zu ermöglichen

An bestimmten Plätzen, vor allem auf der Südinsel, lassen sich Robbenkolonien aus nächster Nähe beobachten. Diese hier wurden bei Kaikoura auf der Otago-Halbinsel porträtiert

«Freundliche» Begegnung mit einer Robbe an der Küste des Taiaroa Head auf der Otago-Halbinsel

Szenen aus Alltag und Freizeit der «Kiwis»

nächste Doppelseite: Ti-Kouka-Baum im Farbenspiel einer dramatischen Abendstimmung über Otago Harbour

übernächste Doppelseite: Sind die Gipfel der Dreitausender im Mount-Cook-Nationalpark gerade einmal nicht von Wolken verhüllt, bietet sich dem Betrachter ein majestätisches Panorama

darauf folgende Doppelseite: Mount-Cook-Nationalpark: Gipfel des Mount Sefton (3157 Meter) in den ersten Strahlen der aufgehenden Sonne

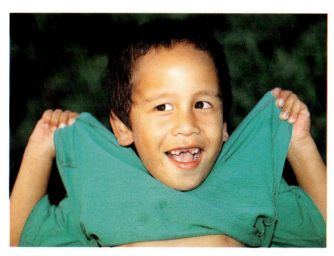

«Church of the good Shepherd» am Lake Tekapo. Die Schmelzwasser der Gletscher verleihen dem See seinen milchigen Türkiston. Je intensiver die Sonneneinstrahlung, desto kräftiger die Farbwirkung

Schafherde und Rotwild im Kakahu Forest bei den Canterbury Plains

Höhlen und Grotten gibt es zahlreich in Neuseeland. Hier die Maori Leap Cave, eine von der Meeresbrandung ausgeräumte Karsthöhle bei Kaikoura

grenze 600 Meter höher als auf der Westseite. Weiter unten erstrecken sich Bültgrassteppen. In der Gegend des Mount Cook, Neuseelands höchstem Berg (3753 Meter), findet man die bekannte Mount-Cook-Lilie, eine weiße Butterblumenart. Die Mehrzahl der über 3000 Meter hohen Berge liegt in dieser Gegend und gehört zum Mount-Cook- und zum Westland-Nationalpark.

Da die Gletscher im Westen bis in die Niederungen reichen, gehören sie zu den am besten erreichbaren auf der ganzen Welt. Mit einem Stock und gemieteten Bergschuhen ausgerüstet, tummeln sich Besuchergruppen unter kundiger Führung auf speziell angelegten Pfaden. Allfälliger Übermut wird allerdings durch die tiefen Schlünde gleich neben dem Pfad gedämpft.

Am Nachmittag legt sich selbst bei schönem Wetter oft eine Dunstwolke an die Bergrücken. Mehr Glück hat man allenfalls im Morgengrauen am Matheson-See. Auf dem flachen Seespiegel mitten im Busch spiegeln sich Neuseelands höchste Berge, der Mount Cook und der Mount Tasman, sowie der Fox-Gletscher. Nur Singvögel unterbrechen die Stille.

Es erstaunt nicht, dass die Westküste und die Berge Entdecker und Bergsteiger anlockten. Zunächst galten die Expeditionen der Suche nach dem begehrten *Greenstone*. Um die Mitte des 19. Jahrhunderts erreichte der Goldrausch die Westküste. Gleichzeitig kamen Entdecker, darunter der Österreicher Julius von Haast, der seinen Namen dem (allerdings schon zuvor entdeckten) Haast-Pass gab und 1865 den Franz-Joseph-Gletscher nach seinem Kaiser benannte. Letzterer schenkte Neuseeland im Jahr 1907 acht Gämsen, die sich in der Folge stark vermehrten.

Im Westen der Südinsel leben heute nur etwa 30 000 Menschen in wenigen Ortschaften, von denen Greymouth und Hokitika die bekanntesten sind. Die Bewohner der Westküste gelten als ein eigener Schlag von Leuten. Sie fühlen sich als Gemeinschaft, weit entfernt von den Blechlawinen und dem Stress der Großstädte und mit einem wachen Sinn für die Vergangenheit. «Aussteiger» begeben sich gern an die Westküste, Neuseelands «Wilden Westen». Sie ziehen es vor, dem Stress zu entfliehen und in irgendeiner Hütte im Busch zu leben, ein paar Ziegen und Schafe zu halten und vielleicht nebenbei in einem kleinen Industriebetrieb, der regionalen Verwaltung oder im Tourismus zu arbeiten.

Einstmals herrschte in der nun einsamen und abgeschnittenen Gegend reges Leben. Nach dem kurzen Goldrausch wurden die Kohlenförderung und die Holzverarbeitung zu wichtigen Industriezweigen. Heute will man die Landwirtschaft fördern, doch ist dies wegen des feuchten Klimas, des Sumpf- und Morastlandes sowie der relativ schlechten Infrastruktur schwierig. Bäume werden gefällt und verarbeitet. Wie anderswo im Land führt das zu Auseinandersetzungen zwischen Umweltschützern, welche die letzten großen Südbuchenwälder des Lan-

Sir Julius von Haast, geadelt von England, gab den Namen seines österreichischen Kaisers dem neuseeländischen Franz-Joseph-Gletscher

des bewahren wollen, und der ansässigen Bevölkerung, für die es um die Arbeitsplätze und das tägliche Brot geht. In jüngster Zeit hat der Tourismus an dem 440 Kilometer langen «West-Coast Highway» vermehrt Arbeitsmöglichkeiten geschaffen.

Goldrausch im Süden

Otago heißt die größte regionale Einheit im Süden der Südinsel. Sie ist etwa so groß wie die Schweiz, zählt aber nur etwas mehr als 180000 Einwohner, die sich vorwiegend auf die Hauptstadt Dunedin und ein paar kleinere Ortschaften verteilen. Das Innere der Region, Zentralotago, ist eine dünn besiedelte, regenarme und sonnige Gegend, in der sich einige der größten Schaffarmen des Landes befinden. Der ausgetrocknete, abgeholzte und daher oft erodierte Boden ist rötlich gelb, und auch der Name Otago bedeutet «ockerrote Erde». Dazu kommen die gelblichen Bültgraslandschaften und im Herbst das Gold der Pappeln, welche die Straßenränder und Farmzufahrten säumen. In der spätherbstlichen Nachmittagssonne leuchten selbst die mehrtausendköpfigen Schafherden goldgelb. Hinter einsamen, mit Stein- und Felsgruppen durchsetzten Abhängen thronen die schneebedeckten Dreitausender der Südalpen, darunter der pyramidenförmige Mount Aspiring (3027 Meter). Am Fuß der Bergkette liegen zahlreiche Seen, die von zurückweichenden Gletschern gebildet worden sind. Diese Bültgras- und Seenlandschaft setzt sich in den benachbarten Regionen Southland und Canterbury fort und wird *High Country* genannt. In seiner Art gleicht hier das Landschaftsbild dem Altiplano von Peru, doch liegt dieses neuseeländische «Hochland» nur 400 bis 700 Meter über dem Meeresspiegel.

Rötlich gelb war aber auch das kostbare Metall entlang den Flüssen Otagos. Im Jahr 1861 fand Gabriel Read dort Gold. Als sich die Kunde von diesem Fund verbreitete, strömten Abenteurer aus aller Welt nach Otago. Zwar wurde auch im Westen der Südinsel und auf der Nordinsel in Coromandel Gold gefunden, doch Otago war die wichtigste Goldgräbergegend. Es gab Zeiten, da kamen jede Woche über 2000 Menschen in die Region. Sie alle benötigten Unterkunft, Verpflegung, Werkzeug, Transportmittel – und nicht zuletzt Banken. In drei Jahren stieg die Einwohnerzahl der Region von 12000 auf 60000. Der Shotover-Fluss wurde zum «reichsten Fluss der Welt». Was aber dem heutigen Besucher der verlassenen Goldgräberorte als romantisch erscheint, bedeutete für die Goldgräber in den canyonartigen Schluchten harte Arbeit und Entbehrungen.

Obwohl selbst heute noch nach Gold gegraben wird, verebbte der Goldrausch bereits um 1870, als die Goldförderung zu einer Industrie wurde. Viele ehemalige Goldgräber ließen sich in der Gegend nieder, andere zogen nach Norden. Heute erinnern nur noch die von den zerfallenen Häusern übrig gebliebenen Kamine und einige Ortsnamen an die Goldgräber. Nüchtern heißt es auf einer Inschrift auf dem Pfad nach Macetown: «Nicht weit von dieser Stelle fand William Fox 1862 Gold.» Ebenso nüchtern wirkt die Aufschrift auf einem Grabstein bei Cardrona:

Hier ruht unser geliebter Vater G. Lafranchi, geboren in Coglio, Schweiz, am 16. 7. 1831, gestorben in Arrowtown am 17. 11. 1889 im Alter von 58 Jahren, ebenso unsere geliebte Mutter A. M. Lafranchi, geboren in Brusio, Schweiz, am 26. 2. 1835, gestorben in Cardrona am 17. 5. 1924 im Alter von 89 Jahren. Ebenso unser kleiner Bruder Enrico, gestorben in Cardrona am 15. 11. 1873 im Alter von 16 Monaten.

Zahlreiche Grabsteine tragen chinesische Inschriften, da unter den Goldgräbern nicht wenige Chinesen anzutreffen waren.

Heute ist das Gebiet entlang dem Clutha-Fluss das Reich der Obstproduzenten. Aprikosen-, Pflaumen-, Pfirsich- und Apfelbäume säumen die Straßen. Während der Erntezeit im Februar und im März herrscht hier Hochbetrieb. Die Obstproduktion ist einer der wichtigsten Wirtschaftszweige Zentralotagos. Etwa 90 Prozent aller neuseeländischen Aprikosen und 60 Prozent aller Kirschen, Nektarinen und Pflaumen kommen aus Otago. Diese Früchte gedeihen nur schlecht im feuchteren Norden. Der Obstanbau erfordert ausgedehnte Bewässerungsanlagen, und bereits 1962 wurde der Clutha bei Roxburgh gestaut. Sein Wasser dient auch der Erzeugung elektrischer Energie, die ebenfalls zu einem «Ausfuhrprodukt» Otagos geworden ist. Am oberen Flusslauf befindet sich das Clutha-Kraftwerk, und weitere Seen und Stauseen im Süden des Landes dienen der Erzeugung elektrischer Energie. Der Manapouri-See in Southland liefert Strom für die Aluminiumschmelzhütte bei Invercargill. Ein beträchtlicher Teil der elektrischen Energie wird durch die Cook-Straße auf die Nordinsel geleitet.

Eindrücklich ist eine Fahrt durch die Schlucht des Kawarau-Flusses im Winter, wenn die Landschaft graubraun erscheint und von leichtem Schnee bedeckt ist. Auf der gegenüberliegenden Talseite bewegen sich Schafe in Einerkolonnen die steilen Abhänge entlang. Außer den Schafhirten sieht man vom Bus aus kaum ein menschliches Wesen. Schließlich öffnet sich die Schlucht, und man erreicht die Ebene von Arrowtown, einer ehemaligen Goldgräberstadt, deren Gebäude im alten Stil renoviert wurden. Im Hintergrund erscheinen schneebedeckte Berge, auf denen man Skilifte erkennen kann. Nach weiteren zwanzig Kilometern endet die Busfahrt in Queenstown. Trotz der winterlichen Hochsaison liegt der Ort still im fahlen Licht des Winterabends. Queenstown befindet sich am Wakatipu-See, der wie das Meer den Gezeiten unterworfen ist. Wegen seiner herrlichen Lage und der zu Ausflügen einladenden Umgebung ist Queenstown zu einem der wichtigsten Touristenzentren des Landes geworden.

Otagos Landschaft hat nicht wenige Maler inspiriert, unter anderen Rita Angus, deren Gemälde «Otago» das «goldene» Land künstlerisch festhält. Denis Glover (1912–1982), einer der bekanntesten neuseeländischen Dichter, hat Arrowtown ein Gedicht gewidmet, das mit der Feststellung schließt, dass die Straßen dieser ehemals «goldenen» Siedlung jetzt nicht mehr mit Gold gepflastert sind und die Flüsse in ihrem Schlamm kein Gold mehr mit sich führen:

«Now paved with common clay
Are the roads of Arrowtown;
And the silt of the river is grey
in the golden sun.»

Maori zur Zeit der Entdeckung Neuseelands durch die Europäer

Kleine Maori-Sprachlehre

Einige wichtige Maori-Wörter, die im Text vorkommen

(Die meisten davon sind auch Teil des neuseeländischen Englisch und sind fast allen Neuseeländern bekannt.)

Aroha	Liebe, Mitgefühl, Anteilnahme
Hangi	Erdofen; in einem Erdofen zubereitete Nahrung
Hapu	Sippe
Hongi	Begrüßung durch Nasenberührung
Hui	Zusammenkunft, Versammlung
Iwi	Stamm
Kainga	unbefestigtes Dorf; Wohnort
Kaumatua	Gruppen-, Stammesältester
Kingitanga	Maori-Königsbewegung des 19. Jahrhunderts
Mana	Ansehen, Prestige
Maoritanga	gesamte Maori-Kultur und -Lebensweise
Marae	Versammlungsplatz, dominiert vom Versammlungshaus (*Whare runanga*)
Noa	gewöhnlich, profan (Gegensatz: *Tapu*)
Pa	befestigtes Dorf
Pakeha	weiße(r) Bewohner Neuseelands
Rangatira	Häuptling, Führer, Chef
Reo	Sprache, Stimme
Tangata Whenua	Leute, denen das Land, das Versammlungshaus etc. gehört. Die Maori betrachten sich als die *Tangata Whenua* von Neuseeland.
Tangi	Trauergesang
Tangihanga	Trauerfeier (oft abgekürzt als *Tangi*)
Tapu	heilig (z.B. bei Kirchen: Ripeka Tapu = Heilige Rebecca); verboten; unantastbar; innere Lebenskraft (Gegenteil: *Noa*)
Tohunga	Priester; Spezialist, Experte
Tutua	Gewöhnliche(r)
Utu	gegenseitiger Austausch von Nahrung, Kleidern etc.; Rache
Waiata	«gesungene Poesie»
Whanau	Großfamilie
Waikorero	Reden (halten)
Whakairo	Holzschnitzerei
Whare	Haus, Hütte
Whare kai	Speisesaal; Kantine
Whare runanga	Versammlungshaus

In Maori-Ortsnamen häufig vorkommende Elemente und ihre Bedeutung

Element:		Beispiel:
Ahi	Feuer	*Ahi* para
Ao	Wolke	*Ao* tea roa
Awa	Fluss	*Awa* roa
Hau	Wind	O kai *hau*
Hine	junge Frau	O *hine* wai
Iti	klein	Roto *iti*
Kai	Nahrung	*Kai* waka
Kino	schlecht	Manga *kino*
Manga	Zufluss	*Manga* kino
Marama	Mond	Wai o te *marama*
Mata	Landzunge etc.	Whanga *mata*
Maunga	Berg	*Maunga* nui
Moana	See, Meer	O *moana*
Motu	Insel	*Motu* tapu
Muri	Ende, Norden	*Muri* whenua
Nui	groß, reich (an)	Whanga *nui*
O	von, Ort von	Wai *o* te marama
One	Sand, Strand	*One* roa
Pa	befestigtes Dorf	Tai *pa*
Papa	eben, weit	*Papa* roa
Para	Sumpf	Ahi *para*
Po	Nacht	Rangi *po*
Puke	Hügel	Te *Puke*
Puna	Quell	Te *Puna*
Rangi	Himmel	*Rangi* po
Roa	hoch, lang	Whanga *roa*
Roto	See	*Roto* rua
Rua	zwei; Höhle	Roto *rua*
Tai	Meer, Küste, Gezeiten	*Tai* pa
Tane	Mann	Whaka *tane*
Tapu	heilig, unantastbar	Motu *tapu*
Te	Artikel: der, die etc.	Wai o *te* marama
Tea	weiß, klar, hell	Ao *tea* roa
Tere	schnell	Wai *tere*
Wai	Wasser	*Wai* wera
Waka	Kanu	Kai *waka*
Wera	heiß	Wai *wera*
Whaka	machen, tun, werden	*Whaka* tane
Whanga	Bucht, Hafen, Meeresarm	*Whanga* roa
Whare	Haus, Hütte	*Whare* hine
Whenua	Land	Muri *whenua*

Zeittafel

ca. 800	Beginn der Besiedlung des Landes durch die Maori
1642	Abel Tasman entdeckt Neuseeland; Beginn der «neueren, europäischen Geschichte» des Landes
1769	Erste Reise von James Cook nach Neuseeland auf der «Endeavour»
1792	Walfänger erreichen den Dusky Sound auf der Südinsel
1814	Samuel Marsden predigt zum ersten Mal das Evangelium auf neuseeländischem Boden
1835	William Colenso druckt das erste Buch in der Maori-Sprache
1839	William Wakefield verlässt England, um in Neuseeland durch die *New Zealand Company* Niederlassungen zu gründen
1840	Der Vertrag von Waitangi zwischen den Maori und der britischen Krone wird unterzeichnet
1861	Gabriel Read entdeckt Gold in der Provinz Otago
1863	Beginn der Maori-Kriege zwischen der Kolonialregierung und einzelnen Stämmen der Maori
1865	Die Hauptstadt des Landes wird von Auckland nach Wellington verlegt
1867	Die Maori erhalten vier permanente Sitze im Parlament
1882	Neuseeland exportiert zum ersten Mal gefrorenes Fleisch auf dem Kühlschiff «Dunedin»
1886	Der Mount Tarawera bei Rotorua bricht aus und zerstört die *Pink and White Terraces*; in der Provinz Taranaki wird Öl entdeckt
1893	Neuseelands Frauen erhalten das Stimm- und Wahlrecht
1898	Die ersten Autos werden nach Neuseeland importiert
1907	Neuseeland wird ein *Dominion* des Britischen Commonwealth
1914–18	Erster Weltkrieg: Neuseeland sendet Truppen in den Krieg nach Europa; Schlacht von Gallipoli
1918	Wiremu T. Ratana gründet die *Ratana*-Maori-Kirche
1920	Neuseeland wird vom Völkerbund die Verwaltung von Westsamoa übertragen (die es bis 1961 ausüben wird)
1928–35	Depression; 1935 wird Joseph Savage Premier; Gründung des Wohlfahrtsstaates
1931	Ein schweres Erdbeben zerstört Teile von Napier
1939–45	Zweiter Weltkrieg: Unter den Alliierten hat Neuseeland im Verhältnis zur Bevölkerungszahl die größte Zahl an Männern unter den Waffen, die meisten Truppen in Übersee (hauptsächlich in Europa und im Nahen und Mittleren Osten) und die größte Zahl an Opfern nach der damaligen UdSSR
1947	Neuseeland wird vollkommen unabhängig; Staatsoberhaupt bleibt jedoch der Monarch von Großbritannien
1951	*Maori Women's Welfare League* wird unter Whina Cooper gegründet
1952	Neuseeland wird Mitglied des ANZUS-Paktes mit Australien und den USA
1953	Erstbesteigung des Mount Everest durch den Neuseeländer Edmund Hillary und den Nepalesen Sherpa Tensing

1958	PAYE *(Pay-as-you-earn)* eingeführt: Steuern werden bereits automatisch vom Lohn abgezogen
1960	Beginn von regelmäßigen Fernsehsendungen
1961	Beitritt zum Internationalen Währungsfonds
1967	Das Dezimalsystem wird beim Geld eingeführt: Pfunde und Pennies werden zu Dollar und Cents. In den Siebzigerjahren wird das Dezimalsystem auf alle Bereiche ausgedehnt
1971	Der *Race Relations Act* wird verabschiedet. Er verbietet Diskriminierung aufgrund von Hautfarbe, Rasse oder ethnischer Herkunft
1973	Großbritannien tritt der Europäischen Gemeinschaft bei; Beginn der Systemkrise und Neuorientierung Neuseelands; Beitritt zur OECD
1975	Das *Waitangi Tribunal* wird ins Leben gerufen – es soll Maori-Klagen in Bezug auf Verletzungen des Vertrages von Waitangi (1840) untersuchen; Landmarsch der Maori gegen den weiteren Verkauf von Maori-Land
1977	Neuseeland erklärt die 200-Meilen-Fischereizone
1979	Die erste Phase der Entwicklung des Maui-Gasfeldes ist abgeschlossen
1981	Der Neuseelandbesuch eines südafrikanischen Rugby-Teams, der *Springboks*, führt zu schweren Zusammenstößen zwischen Gegnern und Befürwortern dieses Besuchs
1983	Unterzeichnung des Vertrages zur engeren wirtschaftlichen Zusammenarbeit zwischen Australien und Neuseeland (CER)
1985	Einem atombetriebenen US-Schiff wird der Besuch Neuseelands untersagt: Beginn der Krise mit den USA im ANZUS-Pakt (1952); das *Greenpeace*-Schiff «Rainbow Warrior» wird von französischen Agenten im Hafen von Auckland sabotiert; Beginn des Abbaus des Wohlfahrtsstaates, der wirtschaftlichen und sozialen Reformen unter Finanzminister *Roger Douglas*
1987	Die Maori-Sprache wird als offizielle Sprache (neben Englisch) anerkannt; zum ersten Mal seit der Depression (1928–35) über 100 000 Arbeitslose
1993	In einem Referendum entscheidet sich die Mehrheit der Neuseeländer für die Aufgabe des Mehrheitswahlrechts britischen Stils zugunsten eines gemischten Wahlsystems (MMP) nach deutschem Vorbild
1995	Auckland überschreitet die Ein-Millionen-Einwohnerzahl

Südalpen mit Mt. Cook

DIE SCHÖNSTEN SEITEN DER WELT

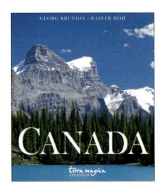

Georg Brunion und Rainer Höh
CANADA
208 Seiten mit 180 Farbfotos,
62 doppelseitige Farbtafeln, farbige Karte
Spektrumformat
ISBN 3-7243-0337-2

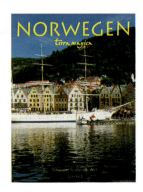

Udo Heß
NORWEGEN
200 Seiten mit 124 Farbfotos,
45 s/w-Abb., Karte,
ISBN 3-7243-0329-7

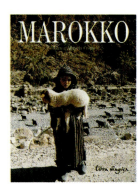

Johann A. Cropp
MAROKKO
176 Seiten mit 154 Farbfotos,
Karte
ISBN 3-7243-0338-6

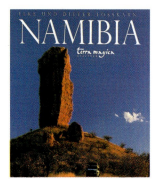

Elke und Dieter Losskarn
NAMIBIA
216 Seiten mit 160 Farbfotos
(60 doppelseitige Farbtafeln),
Spektrumformat
ISBN 3-7243-0337-8

Max Schmid
Udo Sautter
USA
240 Seiten mit 160 Farbfotos,
48 s/w-Abb., Karte,
ISBN 3-7243-0330-0

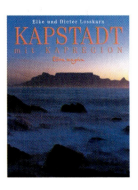

Elke und Dieter Losskarn
KAPSTADT MIT KAPREGION
176 Seiten mit 173 Farbfotos
(48 doppelseitige Farbtafeln)
2 farbige Karten
ISBN 3-7243-0332-7

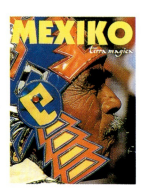

Kenneth McKenney
div. Fotografen
MEXIKO
288 Seiten mit 283 Farbfotos,
17 s/w-Abb.,
ISBN 3-7243-0301-7

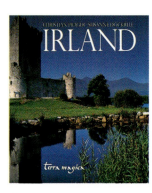

Christian Prager
Susanne Dockrell
IRLAND
216 Seiten mit 131 Farbfotos
(viele doppelseitige Farbtafeln),
Spektrumformat
ISBN 3-7243-0324-6

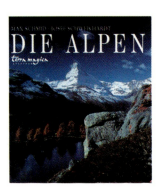

Max Schmid/
Josef Schweikhardt
DIE ALPEN
208 Seiten mit 161 Farbfotos,
davon 62 doppelseitige
Farbtafeln, farbige Karte
Spektrumformat
ISBN 3-7243-0354-8

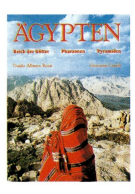

Guido A. Rossi
Giovanni Caselli
ÄGYPTEN
280 Seiten mit 190 Farb-fotos,
25 s/w-Abb. im Text,
ISBN 3-7243-0292-4

CHINA
288 Seiten mit 192 Farbfotos,
32 s/w-Abb.,
ISBN 3-7243-0306-8

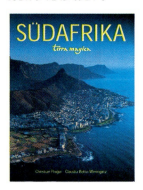

Christian Prager
Claudia Bette-Wenngatz
SÜDAFRIKA
200 Seiten mit 156 Farb-fotos,
45 s/w-Abb., Karte,
ISBN 3-7243-0334-3

Verlangen Sie ausdrücklich terra magica! In jeder Buchhandlung.

von oben nach unten: *Eine kleine Auswahl der mehr als 250 Vogelarten Neuseelands: – Der Kiwi – Laufvogel und Nationaltier – Kormoran – Der Königsalbatros. Nur hier am Taiaroa Head brüten diese majestätischen Vögel (Flügelspannweite bis 3,5 Meter) in so enger Nachbarschaft zum Menschen – Seemöwe am Strand – Die seltenen Gelbaugenpinguine leben nur an wenigen Plätzen auf der Südinsel – Seemöwe – Paradiesente im Fjordland – Godwid-Birds versammeln sich vor ihrem Flug nach Sibirien auf der Coromandel-Halbinsel*

nächste Doppelseite: *Alpenglühen im Mount-Cook-Nationalpark*